C.H.BECK  WISSEN

in der Beck'schen Reihe
2051

Von der Kolonialzeit bis zur Gegenwart skizziert diese knapp gefaßte Überblickdarstellung die wichtigsten Phasen und Epochen der amerikanischen Geschichte. Der Leser erhält dabei ebenso Einblick in die politische Entwicklung wie in die Sozial- und Wirtschaftsgeschichte der USA. Eine Tafel mit den Amtszeiten der amerikanischen Präsidenten sowie weiterführende Literaturhinweise runden den Band ab.

Horst Dippel, geb. 1942, ist Professor für British and American Studies an der Universität Kassel. Er hat zahlreiche Veröffentlichungen vorgelegt, darunter „Die Amerikanische Revolution, 1763–1787" (1985) und „Die amerikanische Verfassung in Deutschland im 19. Jahrhundert" (1994).

Horst Dippel

GESCHICHTE DER USA

Verlag C. H. Beck

Die Deutsche Bibliothek – CIP-Einheitsaufnahme

Dippel, Horst:
Geschichte der USA / Horst Dippel. – Orig.-Ausg. –
München: Beck, 1996
(Beck'sche Reihe; 2051: C. H. Beck Wissen)
ISBN 3 406 41051 0
NE: GT

Originalausgabe
ISBN 3 406 41051 0

Umschlagentwurf von Uwe Göbel, München
© C. H. Beck'sche Verlagsbuchhandlung (Oscar Beck), München 1996
Gesamtherstellung: C. H. Beck'sche Buchdruckerei, Nördlingen
Gedruckt auf säurefreiem, alterungsbeständigem Papier
(hergestellt aus chlorfrei gebleichtem Zellstoff)
Printed in Germany

Inhalt

I. Die Kolonialzeit (1607–1763) 7

II. Das Zeitalter der Revolution (1763–1789) 18

III. Die junge Republik (1789–1825) 33

IV. Expansion nach Westen und wachsender Nord-
Süd-Konflikt (1819–1860) 43

V. Bürgerkrieg und Wiederaufbau (1860–1877) 54

VI. Der Aufstieg zur Weltmacht (1877–1898) 65

VII. Reform und Reaktion (1898–1932) 77

VIII. Die Neugestaltung Amerikas und der Welt
(1932–1945) 91

IX. Vom materiellen Überfluß zur moralischen Krise
(1945–1968) 103

X. Eine unvollendete Reise? (1968–1995) 121

Die Präsidenten der Vereinigten Staaten 137

Literaturempfehlungen 139

Personenregister 142

I. Die Kolonialzeit (1607–1763)

Diese knappe Überblickdarstellung hat zum Ziel, das Besondere in Geschichte und Gegenwart sowie das Selbstverständnis der Vereinigten Staaten von Amerika, mithin vor allem die Differenz zur Entwicklung in Europa in den Blick zu rücken. Dieser Absicht kommt eine chronologische Darbietung eher als eine thematisch organisierte entgegen, vermag sie doch die historische Eigenentwicklung in den unterschiedlichen Phasen und Epochen amerikanischer Geschichte leichter verständlich zu machen. Damit soll nicht angedeutet werden, daß der *American exceptionalism*, jene unterstellte Außergewöhnlichkeit amerikanischer Geschichte und amerikanischen Lebens heute, von Anbeginn angelegt gewesen sei; denn so singulär waren koloniale Gründung und spätere Entwicklung keineswegs. Wohl aber soll damit unterstrichen werden, daß sich die amerikanische Geschichte durchaus nicht als reine Variante europäischer Geschichte begreifen läßt.

Läßt man die indianische Urbesiedlung, die für das gegenwärtige amerikanische Leben nur eine höchst ephemere Rolle spielt, außer Betracht, beginnt die eigentliche amerikanische Geschichte 1607 mit der Begründung der ersten dauerhaften Kolonie englischer Siedler an der Ostküste Nordamerikas. Gleichwohl handelte es sich dabei nicht um die erste europäische Kolonialgründung auf dem nordamerikanischen Kontinent überhaupt; vielmehr beansprucht das 1565 gegründete St. Augustine im heutigen Bundesstaat Florida, die älteste Stadt der USA zu sein. Doch die historischen Wurzeln der Vereinigten Staaten liegen in den englischen Kolonialgründungen des 17. und 18. Jahrhunderts, während ehemalige spanische Gründungen auf dem heutigen amerikanischen Staatsgebiet erst im Laufe des 19. Jahrhunderts eingegliedert wurden.

Daß die ersten Kolonisierungsversuche an der nordamerikanischen Küste keineswegs unproblematisch waren, war in England 1607 hinreichend bekannt. Schließlich war 1585 auf

Roanoke Island im heutigen Bundesstaat North Carolina eine erste Siedlung mit dem Namen Virginia durch englische Seefahrer errichtet worden, von der jedoch nachfolgende Reisende keine Spuren mehr vorfanden; man mußte davon ausgehen, daß sie Indianern zum Opfer gefallen war.

Diese ersten Ereignisse sind für die englischen Kolonialgründungen in Nordamerika und zumal ihre Frühgeschichte in dreierlei Hinsicht charakteristisch. Zunächst einmal muß betont werden, daß es sich bei den englischen Kolonien in Amerika im Unterschied zu den spanischen um Siedlungs- und nicht um Beherrschungs- oder Eroberungskolonien handelte. Mit anderen Worten: Der englische König oder die englische Regierung hatten keine Soldaten nach Amerika geschickt, um hier Land im Namen des Königs zu erobern und die einheimische Bevölkerung zu unterwerfen; vielmehr brachten private, wenn auch mit königlichem Freibrief ausgestattete Kaufmannsgesellschaften – in diesem Fall als erste die *Virginia Company* – auswanderungswillige Engländer und Engländerinnen im kaufmännischen Interesse nach Amerika, Menschen, die bereit waren, dort zu siedeln. Damit war der Grundstock für zukünftigen Handel gelegt.

Diese eher privatrechtlichen, wenn auch mit königlichen Bewilligungen versehenen Gründungen zeigten, daß die englische Regierung ihnen zumindest in den ersten Jahrzehnten weder besonderes Interesse zugewandt, geschweige denn sie mit einer gezielten Politik begleitet hat. Diese auch später mitunter sogenannte „wohlwollende Vernachlässigung" brachte es mit sich, daß sich bereits in den Anfängen englischer Kolonialgründungen bestimmte Formen und Eigentümlichkeiten herausbilden sollten, von denen etliche nicht nur für die Kolonialzeit prägenden Charakter annahmen. Auf diese Entwicklung rechtlicher Freiräume jenseits staatlichen Zugriffs – als politische Praxis wie als Rechtsmodell – wird in der Folge des öfteren einzugehen sein.

Ein drittes Wesensmerkmal der englischen im Unterschied zu den spanischen Kolonien, das die Vereinigten Staaten in mancher Hinsicht bis heute kennzeichnet, ergab sich aus dem

Charakter der Siedlungskolonie; sie basierte auf der Verdrängung, ja erforderlichenfalls der Vernichtung der autochthonen Bevölkerung, wenn ihr diese ökonomisch hinderlich erschien. Eine Mestizengesellschaft hat es daher im englischen Nordamerika wie in den nachfolgenden Vereinigten Staaten als soziales Phänomen zu keinem Zeitpunkt gegeben. Indianer wurden über Jahrhunderte als außerhalb von Zivilisation und Gesellschaft stehend begriffen – erst 1924 erhielten alle in den Vereinigten Staaten geborenen Indianer die volle amerikanische Staatsbürgerschaft. Man konnte mit Indianern wie mit ausländischen Mächten Verträge abschließen und einen ihrer Stämme – wie in den 1830er Jahren durch das Oberste Bundesgericht geschehen – als abhängige „Nation" auf dem Territorium der Vereinigten Staaten ansehen. Nur als integralen Teil der amerikanischen Gesellschaft eigenen ethnischen Ursprungs mochte man sie jahrhundertelang nicht gelten lassen; das ist eine bis zur Gegenwart, zumindest im Unterbewußtsein nachwirkende Erblast einer Gesellschaft, die sich heute öffentlich gern als multiethnisch darstellt.

Die *Virginia Company* von 1606 verfolgte wirtschaftliche Interessen, und das gleiche galt für das von ihr gegründete Jamestown und die Art und Weise, wie sich diese Kolonie Virginia in der Folge ausbreitete. Diese Entwicklung gewann 1619 eine zusätzliche Komponente, als mit einem holländischen Piratenschiff zwanzig Afrikaner in Jamestown eintrafen, die man zuvor von einem spanischen Sklavenschiff in der Karibik geraubt hatte und hier gegen Nahrungsmittel eintauschte. Damit hatte, ohne daß sich dessen irgendwer in Virginia, geschweige denn in London bewußt war, die Geschichte des Schwarzen Amerika begonnen. Zugleich hatte damit ein weiteres Phänomen seinen Anfang genommen: Nicht alle, die in den folgenden Jahren und Jahrhunderten ihren Fuß auf amerikanische Erde setzten, kamen aus freien Stücken. Das gilt nicht allein für die Schwarzen bis ins 19. Jahrhundert, sondern auch für Zehntausende englischer Gesetzesbrecher, die die Regierung in London in die amerikanischen Kolonien deportieren ließ.

Für die über 70 000 Engländer, die bis zum Beginn des englischen Bürgerkriegs 1641 nach Amerika auswanderten, trifft dies durchweg nicht zu. Doch nicht alle überquerten den Atlantik aus wirtschaftlichen Gründen, um ärmlichen Verhältnissen in England zu entkommen mit der Aussicht auf ein materiell besser gestelltes Leben in Virginia oder auf den englischen Karibikinseln (einschließlich Bermuda). Viele gingen aus religiösen Gründen. Unter ihnen waren etliche Katholiken unter dem Schutz von Lord Baltimore, der 1632 vom englischen König ein Gebiet nördlich des Potomac zur Kolonisierung erhalten hatte, das er seinen religiösen Zielen entsprechend Maryland nannte. Noch bekannter und für das amerikanische Selbstverständnis prägender geworden sind jene Puritaner, die als sogenannte Pilgerväter an Bord der *Mayflower* nach Amerika segelten und Ende 1620 bei Cape Cod im heutigen Massachusetts an Land gingen. Sie bildeten zwar nur eine Minderheit unter den 101 Passagieren und Besatzungsmitgliedern der *Mayflower,* setzten aber jenen „Mayflower-Vertrag" vom 11. November 1620 auf, der als das früheste Dokument amerikanischer Selbstverwaltung und des Willens, das neue Gemeinwesen mit selbstgegebenen gerechten und gleichen Gesetzen zu ordnen, in die amerikanische Geschichte eingegangen ist.

Aus den unterschiedlichen Gründungen dieser und der folgenden Jahrzehnte lassen sich drei Hauptmotive der Besiedlung herauslesen. Es sind zum einen wirtschaftliche Interessen, die, nach Virginia, 1663 bei der Anlage der beiden Carolinas und 1664 bei der von New Jersey zum Tragen kamen. Zum anderen haben religiöse Gründe zur Errichtung von Massachusetts und dann 1631, 1636 und 1638 durch Abspaltung von diesem zur Anlage von Connecticut, Rhode Island und New Hampshire und 1680 zur Gründung von Pennsylvania geführt. Schließlich überwogen philanthropische Absichten 1732 bei der Errichtung von Georgia. Hinzu kam noch etwas anderes, nämlich zur Arrondierung des englischen Kolonialbesitzes an der nordamerikanischen Küste 1664 die Eroberung vormals holländischer Kolonien; so entstanden die englischen Kolonien New York und, in gewisser Hinsicht, Delaware.

Diese unterschiedliche Entstehungsgeschichte der englischen Kolonien in Nordamerika schlug sich in den verschiedenartigen Rechtsformen dieser mit der Gründung von Georgia auf dreizehn angewachsenen Kolonien nieder, die zugleich das über das 17. Jahrhundert hin deutlich angewachsene Interesse der englischen Regierung an diesen Kolonien widerspiegelt. Danach lassen sich Eigentümerkolonien, königliche Kolonien und sogenannte Charterkolonien voneinander unterscheiden. Während die ersten Gründungen durch Eigentümer – entweder eine Gesellschaft oder eine einzelne Familie – erfolgten, trat an ihre Stelle zunehmend der König, d. h. der englische Staat als Rechtsträger, an den die Eigentümer entweder ihren Titel abtraten oder der von sich aus unter dem Zwang der Ereignisse die ursprüngliche Rechtsform aufhob. So wurden u. a. Virginia 1624 und Massachusetts 1691 königliche Kolonien. Am Ende der britischen Kolonialzeit gab es schließlich acht königliche Kolonien (New Hampshire, Massachusetts, New York, New Jersey, Virginia, North und South Carolina und Georgia), drei Eigentümerkolonien (Pennsylvania, Delaware und Maryland) und zwei Charterkolonien (Connecticut und Rhode Island). In den königlichen Kolonien wurde der Gouverneur vom König ernannt – häufig ein Mitglied des englischen niederen Adels, der an dieser Pfründe interessiert war und dessen Ernennung und Amtsdauer vom Wohlwollen seiner mächtigen Freunde in England abhing –, was in den fraglichen drei übrigen Kolonien durch den Eigentümer geschah, während sich Connecticut und Rhode Island selbst regierten. Der Gouverneur, dem ein von ihm ernannter Rat zur Seite stand, war einerseits der höchste Repräsentant der Krone in den Kolonien und der Wahrer der imperialen Interessen. Andererseits stand ihm die nach dem Zensuswahlrecht gewählte Versammlung (Assembly) gegenüber, die ihrerseits, nach dem Vorbild des englischen Parlaments, die Finanzhoheit in Anspruch nahm. In dem damit institutionalisierten Spannungsverhältnis zwischen imperialen und kolonialen Interessen kam nicht nur dem Gouverneur, der jede gesetzgebende Maßnahme der Versammlung mit einem absoluten Veto belegen konnte, eine wesentliche Rolle zu, sondern auch den drei wichtigsten englischen Regierungsorganen – dem Handelsministerium *(Board of Trade)*, dem Schatzamt *(Treasury)* und der Zollkommission *(Customs commissioners)* –, die alle ein Mitspracherecht bei der Verwaltung der Kolonien beanspruchten. So konnte etwa das Handelsministerium jedes koloniale Gesetz annullieren.

Die kolonialen Institutionen hatten sich im Laufe der Zeit herausgebildet und verfestigt. Dabei gelang es den *Assemblies* in einer Reihe von Kolonien in Folge der Glorreichen Revolution in England (1688/89), ihre Position nachhaltig zu stärken. Andere Entwicklungsfaktoren stellten die im 17. und 18. Jahrhundert häufigen Kriege Englands mit Frankreich dar, die stets auch auf den amerikanischen Kontinent übergriffen, wo der französische Kolonialbesitz am Unterlauf des St. Lawrence um Quebec und seine potentielle Ausdehnung in den Bereich des Hinterlandes der englischen Kolonien immer wieder für Spannungen sorgte. Dabei bedienten sich beide Seiten gern der ansässigen Indianerstämme als kriegerischer Hilfstruppen. Aber auch die zunehmende Besiedlung der englischen Kolonien und damit ihre weitere Ausdehnung nach Westen und ihre zunehmend heterogener werdende Bevölkerung aus Einwanderern vor allem aus England (ca. 60%), Schottland, Irland und Deutschland (je ca. 8–9%) sowie die wachsende Zahl schwarzer Sklaven insbesondere in den südlichen Kolonien trugen zur Eigenentwicklung und damit zur zunehmenden Eigenständigkeit der Kolonien bei.

Ebenso unterschiedlich wie die Motive, die zu den kolonialen Gründungen geführt hatten, waren die Beweggründe für die Auswanderung nach Amerika gewesen. Viele kamen, um Armut, Krieg und drohenden Hungersnöten in Europa zu entkommen, während andere sich aufgrund ihrer religiösen Überzeugungen unterdrückt und verfolgt sahen und in den englischen Kolonien ein ihrem Glauben gemäßes Leben führen wollten. Für die Puritaner bedeutete dies ein „neues Jerusalem" als Ausdruck der reinen, unverfälschten Lehre. Sie erstarrte freilich rasch zum theokratischen Dogma und vertrieb Abweichler, unter ihnen Roger Williams, der 1636 die Siedlung Providence errichtete und damit praktisch zum Gründer von Rhode Island wurde. Er ist als einer der frühesten und bedeutendsten Verfechter religiöser Toleranz in die amerikanische Geschichte ebenso wie in die der Menschenrechte eingegangen. Für die Quäker wurde diese religiöse Toleranz zum Daseinsgrundsatz und zumal in Pennsylvania, einem ihrer bevorzugten Siedlungsgebiete, zum allgemeinen Leitbild der Kolonie. So entwickelte sich hier schließlich dank einer Vielzahl von Sekten und Glaubensgemeinschaften eine religiöse und damit auch ethnisch besonders heterogene Gesellschaft. Was sich trotz mancher Versuche des Mutterlands nicht verwirklichen ließ, war die Errichtung eines anglikanischen Bistums in den Kolonien, obwohl die anglikanische Kirche, zumal in Virginia, relativ stark vertreten war. Auf diese Weise blieben die Glaubensgemeinschaften der kolonialen Bevölkerung bis zur Unabhängigkeit breit gefächert und zersplittert, in hohem Maße aber selbstbestimmt, während sich die für das alte Europa so kennzeichnende Allianz von Thron und Altar – von einem zeitlich begrenzten Zwischenspiel in Massachusetts abgesehen – in Amerika nicht hat herausbilden können. Daraus erklärt sich auch die Sonderstellung der Mormonen in Utah seit der zweiten Hälfte des 19. Jahrhunderts.

Gerade weil es diese Vielfalt in relativer Eintracht von Anbeginn gab und bis heute gibt, hat die Kirche bis in unsere Tage eine zentrale Rolle im amerikanischen Leben – als Daseinsmittelpunkt und soziale Institution – spielen können – bis hin zur Bigotterie und einem in Europa in dieser Form unbekannten, doch stets virulenten protestantischen Fundamentalismus. In Zeiten religiöser Unterdrückung waren oft Kirchengemeinden geschlossen nach Amerika ausgewandert, und die Kirchengemeinde blieb seither oftmals mangels anderer leistungsfähiger karitativer Organisationen sowohl in sprachlicher als auch in sozialer Hinsicht eine zentrale Institution zur Integration von Neuankömmlingen.

Diese Kirchengemeinde hatte sich schon zu Beginn der kolonialen Gründungen zur politischen Gemeinde weiterentwickkelt, in der es nicht wie in England gewachsene Privilegien gab, sondern in der jene Männer mitwirkten, die an der Gemeinde ein manifestes Interesse hatten, d. h. über einen gewissen Mindestbesitz verfügten, dessen Basis naturgemäß die Landwirtschaft war. Doch mit zunehmender Bevölkerung differenzierte sich das Bild. In den Neuenglandkolonien (Massachusetts, Connecticut, Rhode Island und New Hampshire) waren die Böden karg und die Erträge niedrig, so daß hier früher als in anderen Kolonien die Suche nach Alternativen einsetzte. Dabei war die Beschaffenheit des Landes gleich in mehrfacher Hinsicht von Nutzen. Der reiche Baumbestand eignete sich vorzüglich für den Bau von Schiffen, und die buchtenreiche Küste bot eine Fülle sicherer Häfen. Die Verstädterung setzte daher hier früher als irgendwo sonst in Nordamerika ein, und Mitte des 18. Jahrhunderts hatte Boston bereits über 15000 und Newport über 10000 Einwohner. Schiffsbau, Überseehandel und Fischfang wurden bedeutende Erwerbszweige, während Farmer auf der Suche nach geeigneten Böden immer weiter nach Westen ziehen mußten.

Dieser Zug nach Westen war in allen Kolonien im 18. Jahrhundert zu verzeichnen. Er zeigte den steigenden Bedarf an Siedlungsraum angesichts einer deutlich wachsenden Bevölkerung. Zugleich aber ist er Indiz für die Verknappung des Bodens im Bereich der alten Siedlungen und für die zunehmende Ungleichheit zwischen den zu Wohlstand und Vermögen gekommenen, meist alten Siedlerfamilien im Osten und den durchweg ländlich orientierten neuen Einwanderern, die in den Westen zogen. Diese Vermögensunterschiede waren weit davon entfernt, europäische Ausmaße anzunehmen oder jenen vergleichbar zu sein, die sich in den spanischen und portugiesischen Kolonien Mittel- und Südamerikas herausgebildet hatten. Aber der vergleichsweise egalitäre Charakter der Gründungsphase war im Laufe des 18. Jahrhunderts einer Vergesellschaftung gewichen, in der sich bei aller Flexibilität und Mobilität bereits so etwas wie sozioökonomische Eliten, eine

Art Mittelschicht und eine – wenn auch zahlenmäßig vergleichsweise kleine – Unterschicht zeigten.

Nicht allein die Mittelatlantikkolonien (Pennsylvania, New York und New Jersey) mit ihren beiden großen Städten Philadelphia – mit 40 000 Einwohnern die nach London, Dublin und Bristol viertgrößte Stadt des britischen Reiches um 1775 – und dem etwas mehr als halb so großen New York spiegelten in ihrer jeweiligen Heterogenität diese soziale Situation wider, sondern zum Teil auch das Hudsontal zwischen New York und Albany, in dem einige wenige Latifundienbesitzer Hunderttausende Hektar fruchtbaren Ackerlandes besaßen, die von einer wachsenden Zahl von Pächtern bewirtschaftet wurden. Die Südatlantikkolonien von Maryland und Delaware bis Georgia schließlich hatten sich im Laufe des 18. Jahrhunderts zu Großerzeugern von in Europa zunehmend begehrten Agrarprodukten entwickelt – darunter insbesondere Tabak, Reis, Indigo und Baumwolle –, die auf ausgedehnten Plantagen der Küstenregionen durch eine sogenannte Pflanzeraristokratie unter dem Einsatz einer wachsenden Zahl schwarzer Sklaven erzeugt wurden. Städte gab es hier – mit Ausnahme von Charleston mit rund 10 000 Einwohnern – so gut wie keine. So erfolgte die Verschiffung der Erzeugnisse nach Großbritannien über die wasserreichen Flüsse durch britische oder neuenglische Schiffer. Wo die natürlichen Voraussetzungen für die Erzeugung dieser Produkte fehlten – etwa im Hinterland der Kolonien oder in North Carolina –, dominierte die vergleichsweise kleine und bescheidene Familienfarm.

In diesen wirtschaftlich prosperierenden dreizehn Kolonien hatte sich im Laufe des 17. und 18. Jahrhunderts die Bevölkerung etwa alle 25 Jahre verdoppelt, so daß gegen Ende der Kolonialzeit rund 2,5 Millionen Menschen dort lebten, davon etwa ein Fünftel als schwarze Sklaven, die zu rund 90% im Süden lebten, während sich die weiße Bevölkerung nahezu gleichmäßig auf die drei Sektionen der Neuengland-, Mittel- und Südatlantikkolonien verteilte. Sie hatte nunmehr die Küstenregion vom südlichen Maine, das zu Massachusetts gehörte, bis nach Georgia durchgehend besiedelt; im Westen war, von Pennsylvania bis nach North Carolina, der Ostabhang der Appalachen bereits weitgehend erreicht worden.

Bedenkt man, daß sich diese Besiedlung über eine Länge von nahezu 2000 Kilometern erstreckte und bis zu etwa 300 Kilometer landeinwärts vorgedrungen war, wird nicht nur deutlich, daß dem lokalen Umfeld in seiner relativen Isolation eine erhebliche Bedeutung zukam, sondern daß die sich herausbildende koloniale Gesellschaft auch mangels hinreichender Infrastruktur einstweilen kaum eine den eigenen überschaubaren Raum oder gar die Grenzen ihrer Kolonie überschreitende Form annehmen konnte. Jede Tätigkeit, sei es im Alltagsleben, in der Arbeitswelt oder im politischen Bereich, hatte daher zunächst zwangsläufig ein lokales, bestenfalls ein regionales Bezugsfeld, das Veränderungen eher von innen als von außen erlaubte. In dieser individualisierten Welt kam daher von Anbeginn der Eigenverantwortung und der Eigeninitiative ein hoher Stellenwert in der Lebensbewältigung zu, ein Charakterzug, der sich bis zur Gegenwart im amerikanischen Leben – man denke nur an die Sozialstaatsproblematik – sehr viel folgenreicher bemerkbar macht als in Europa.

Diese Charakteristika amerikanischen Lebens wurden wesentlich begünstigt durch das System der englischen Kolonialverwaltung. Nicht nur fehlte es – außer beim Postwesen – praktisch an übergreifenden Strukturen, auch die Form der Verwaltung der einzelnen Kolonien förderte indirekt die Individualisierungstendenzen. Nachdem es den kolonialen Parlamenten getreu ihrem Vorbild in Westminster gelungen war, sich die Finanzhoheit zu sichern, kontrollierten sie neben den Einnahmen auch weitgehend die Ausgaben der Kolonien bis hin zu den Gehältern und Aufwandsentschädigungen der Amtsinhaber, angefangen beim Gouverneur. Damit gewannen sie erheblichen Einfluß auf die Politik der Kolonien und konnten in Konfliktzeiten die imperiale Politik der Londoner Regierung, vor Ort vertreten durch den Gouverneur, nachhaltig stören. Gelang es mithin den *Assemblies* im Verlauf des

18. Jahrhunderts, das gesamte parlamentarische Verfahren in ihren Kolonien zu kontrollieren und ihren damit gewonnenen Einfluß bis in die Exekutive auszudehnen, konnten sie Männer ihres Vertrauens anstelle jener des Gouverneurs in Exekutivämter, etwa als Steuerbeamte, aber auch als Richter entsenden. Damit wurde die Stabilisierung der Herrschaft im Sinne der britischen Kolonialpolitik zunehmend erschwert, und es verschoben sich die politischen Gewichte in den Kolonien zusehends hin zu den gewählten Versammlungen, während zugleich die Autorität der britischen Regierung ins Wanken geriet und es ihr immer schwerer wurde, diese Autorität durchzusetzen.

Mit diesen innerkolonialen Machtverschiebungen, die für die Stabilität des britischen Reiches weitreichende Bedeutung erlangen sollten, war es zumal den sozioökonomischen Eliten im etablierten Osten der Kolonien gelungen, nachhaltigen Einfluß auf die Politik ihrer Kolonien zu gewinnen. Doch nicht nur die britischen Interessen waren damit latent beeinträchtigt, auch jene der Einwanderer in den neuen Siedlungsgebieten im Westen. Sie fühlten sich politisch unterrepräsentiert, in ihren speziellen Belangen kaum berücksichtigt und häufig völlig allein gelassen. Neben eine fortschreitende Individualisierung war damit an die Stelle einer Konsolidierung der britischen Macht im Laufe von anderthalb Jahrhunderten ihre schleichende Erosion getreten.

II. Das Zeitalter der Revolution (1763–1789)

Diese latente Erosion der britischen Machtposition in ihren amerikanischen Kolonien war der Regierung in London am Ende des Siebenjährigen Krieges, der in den Kolonien *French and Indian War* genannt wurde, keineswegs bewußt. Vielmehr sonnte man sich in dem Gefühl, einen großen Sieg errungen zu haben: die britische Herrschaft war nicht nur in Indien gefestigt; es war auch gelungen, Frankreich vom nordamerikanischen Kontinent zu verdrängen; man hatte das französische Quebec erobert, und Frankreich mußte seinen Besitz am Unterlauf des Mississippi, Louisiana, an Spanien abtreten. Damit war die Gefahr einer Umklammerung der britischen Kolonien an der nordamerikanischen Ostküste durch Frankreich gebannt, und aus der Sicht der Kolonisten schien eine weitere Ausdehnung nach Westen jenseits der Appalachen nur noch eine Frage der Zeit.

Diese Hoffnungen bekamen ihren ersten Dämpfer mit der Königlichen Proklamation vom 7. Oktober 1763. Sie legte den Hauptkamm der Appalachen als westliche Grenze für weiße Besiedlung und Landkäufe fest und behielt das Gebiet zwischen Appalachen und Mississippi den Indianern vor. Damit sollten künftige Konflikte zwischen Siedlern und Indianern, Indianerüberfälle und die Unsicherheiten in den Grenzregionen zum Indianerland vermieden werden.

Der Unmut in den Kolonien über diese Maßnahme, die den kolonialen Interessen keinerlei Rechnung trug, sollte schon wenige Monate später neue Nahrung durch ein Parlamentsgesetz erhalten, das – unter dem Zwang der kriegsbedingt dramatisch gestiegenen Staatsschuld – in der Nachkriegswirtschaftskrise ein erster Schritt war, das vergrößerte Weltreich neu zu ordnen und einen Teil der Kosten für die imperiale Verwaltung auf die Kolonien abzuwälzen. Mit diesem „Amerikanischen Fiskalgesetz" von 1764, das in den Kolonien allgemein als „Zuckergesetz" bezeichnet wurde, galt die Politik der „wohlwollenden Vernachlässigung" endgültig als beendet.

Das Gesetz sollte mehr Geld in die britische Staatskasse bringen. Doch die vor allem in Neuengland wortreich vorgetragene Empörung richtete sich insbesondere dagegen, daß der Zoll auf westindische Molasse, dessen Erhebung man in der Vergangenheit einfach hatte umgehen können, nunmehr rigoros eingetrieben werden sollte. Auch mit dem nachfolgenden „Währungsgesetz", das in allen Kolonien die weitere Ausgabe von Papiergeld zur Minderung der permanenten Kapitalknappheit kategorisch untersagte, verbitterte die Kolonien eine britische Politik, die offensichtlich nicht bereit war, kolonialen Wirtschaftsinteressen Rechnung zu tragen. Jenes Gefühl, zumindest in wirtschaftlicher Hinsicht Bürger zweiter Klasse zu sein, bereits in der Vergangenheit durch vielfältige Produktions- und Handelsbeschränkungen zugunsten britischer Wirtschaftsinteressen genährt, fand rasch neue Bestätigung. Als in dieser Situation die britische Regierung 1765 noch ein Einquartierungsgesetz und ein Stempelsteuergesetz erließ, schien der Angriff auf die Rechte und Freiheiten der Kolonien unverhohlen.

In allen Kolonien formierte sich der Protest, in dem rasch radikale Töne angeschlagen wurden. Die britischen Gesetze, so hieß es, würden die Kolonien ruinieren. Sie seien „verfassungswidrig", denn schließlich sei es ein eherner britischer Verfassungsgrundsatz, daß Steuern nur durch das Volk selbst mittels seiner gewählten Vertreter beschlossen werden könnten. Die Kolonien aber seien nicht im Parlament von Westminster vertreten. Das Wort von *No Taxation without Representation* (Keine Steuer ohne Mitwirkung) machte die Runde. Es bildeten sich Geheimorganisationen, die bald unter dem Namen „Freiheitssöhne" bekannt werden sollten und die Forderung nach Volkssouveränität erhoben. Aufgebrachte Demonstranten gingen gegen die offiziellen Vertreter der britischen Kolonialherrschaft vor und zwangen reihum schließlich alle, die sich bereit erklärt hatten, ab 1. November 1765 die Stempelsteuer in den Kolonien im Auftrag der britischen Regierung einzutreiben, ihre Bestallung aufzukündigen. Auch die Elite bekräftigte ihre Position und verabschiedete im Oktober 1765 auf dem von ihr eigens einberufenen Stempelsteuerkongreß, auf dem neun der dreizehn Kolonien vertreten waren, eine Erklärung ihrer Rechte und Beschwerden mit der Forderung nach Rücknahme des verhaßten Gesetzes. Parallel dazu beschlossen die Kaufleute von New York, Philadelphia und Boston, bis zur Rücknahme des Gesetzes keine Waren mehr aus Großbritannien einzuführen. Die Stempelgesetzkrise hatte die britische Regierung, die mit der tatsächlichen Situation in den amerikanischen Kolonien und ihrem schleichenden Autoritätsverlust wenig vertraut war, völlig unvorbereitet getroffen, zumal es die Kolonien geschickt verstanden hatten, durch die Einfuhrverweigerung ihre Opposition in das Mutterland selbst zu tragen. London sah sich vor die Wahl gestellt, entweder mit militärischen Mitteln seine Autorität wiederherzustellen oder zurückzuweichen. Man entschied sich für das letztere, nicht ohne zugleich ein Gesetz zu verabschieden, mit dem Regierung und Parlament ihren Rechtsanspruch bekräftigten, auch zukünftig jedwedes Gesetz für die Kolonien erlassen zu können.

Man mag darüber diskutieren, welche der beiden Maßnahmen der angeschlagenen britischen Autorität in den Kolonien mehr Schaden zugefügt hat. Denn in den Jubel über die Rücknahme des Stempelgesetzes mischte sich das Bewußtsein, durch die vereinte Opposition aller Kolonien sowie der Elite und der Mittelschichten die britische Regierung zum Rückzug gezwungen zu haben, obwohl man sich angesichts des Bestätigungsgesetzes, mehr aber noch durch die Rechtsautorität William Blackstones, dessen erster Band seiner *Commentaries on the Laws of England* 1765 erschienen war, keine Illusionen darüber machte, daß im Sinne der britischen Verfassung die Rechtsposition der Londoner Regierung unangreifbar war und das britische Parlament das Recht hatte, jedes Gesetz zu beschließen, das es für geboten hielt. „Verfassungswidrige" Gesetze gab es nicht.

Die äußere Ruhe der folgenden Monate verdeckte die fortschreitende Erosion der britischen Autorität, die in zahllosen kleinen Sticheleien und Zwischenfällen zu Tage trat. Bereits im folgenden Jahr 1767 kam es zur Verschärfung der Krise, als das Parlament die sogenannten Townshend-Gesetze beschloß, die zwar kolonialen Einwänden vorbeugen sollten, da man nun auf die von ihnen besonders bekämpften inneren Abgaben verzichtete. Im Gegenzug aber sollten Einfuhrzölle auf eine Reihe Waren erhoben werden, darunter auf Tee. Überdies sollte die britische Verwaltung durch begleitende rechtspolitische Maßnahmen gestärkt werden, da sich amerikanische Zollbeamte und Geschworenengerichte in der Vergangenheit im britischen Sinne als zu unzuverlässig erwiesen hatten. Wiederum reagierten einige Hafenstädte mit Einfuhrboykott, und die gesetzgebenden Versammlungen von Massachusetts und einigen weiteren Kolonien beschlossen trotz massiven britischen Drucks ein von Samuel Adams verfaßtes Rundschreiben, mit dem die Townshend-Gesetze scharf verurteilt wurden.

Nach dieser unverhüllten Herausforderung der britischen Macht, in der Massachusetts eine führende Rolle spielte, wurden schließlich nach weiteren Zwischenfällen am 1. Oktober 1768 zwei Regimenter britischer Soldaten in Boston stationiert. Damit wurden die Spannungen zusätzlich angeheizt. Am 5. März 1770 eskalierten sie so weit, daß eine britische Wache in die Menge feuerte und fünf Demonstranten tötete. Mit diesem in das amerikanische Selbstverständnis als das „Massaker von Boston" eingegangenen Ereignis war die britische Position in Massachusetts so unerträglich geworden, daß der stellvertretende Gouverneur Hutchinson keine andere Wahl hatte, als den Forderungen Samuel Adams' nachzugeben, die Truppen aus der Stadt abzuziehen und auf eine Insel im Hafen zu verlegen. Selbst die einige Wochen später bekanntgewordene Aufhebung der Townshend-Zölle, mit Ausnahme des Tee-Zolls, führte nicht zu einer grundlegenden Verbesserung, auch wenn sich die Lage äußerlich zu entspannen schien.

Doch die britische Macht stand nur noch auf tönernen Füßen. Das machte ein Ereignis der Jahre 1772/73 deutlich, das wie eine Karikatur der politischen Autorität Großbritanniens

21

wirkt. Am 9. Juni 1772 war der britische Zollschoner *Gaspee* bei der Verfolgung eines Schmugglers in den Gewässern vor Providence, R. I. auf Grund gelaufen. Doch dieses Hohngelächter hervorrufende Mißgeschick wurde innerhalb weniger Stunden zu einer einzigartigen Herausforderung der königlichen Marine. Im Schutz der Dunkelheit enterten einige Dutzend Männer unter der Führung des Kaufmanns John Brown die *Gaspee,* brachten die Besatzung an Land und setzten den Schoner in Brand. Statt jedoch einem britischen Grundsatz zu folgen und dort auf die Androhung von Gewalt zu verzichten, wo man über keine Autorität verfügt, verschlimmerte die Londoner Regierung alles nur noch. Sie setzte eine horrende Belohnung aus und bestellte eine hochrangige Kommission aus obersten Richtern und dem Gouverneur von Rhode Island zur Ergreifung der Schuldigen. Es war alles umsonst. Im Juni 1773 mußte die Kommission ihre Arbeit ergebnislos einstellen, obwohl jeder in Providence wußte, wer den Briten diese Schmach zugefügt hatte.

Angesichts dieses unaufhaltsamen Verfalls britischer Macht fiel es den Radikalen noch leichter, sich zu organisieren und durch sogenannte Korrespondenzkomitees Aktionen zu planen und untereinander abzusprechen. Das Ergebnis zeigte sich Ende 1773. Im Mai hatte die Londoner Regierung das Teegesetz verabschiedet, das den drohenden Bankrott der *East India Company* abwenden sollte, die als Monopolgesellschaft erhebliche Teile Indiens kontrollierte und neben der *Bank of England* die größte Finanzgesellschaft Großbritanniens war. Um ihr neue Märkte zu öffnen, sollte sie den britischen Einfuhrzoll auf Tee erstattet bekommen, wenn sie ihn in die amerikanischen Kolonien exportierte, wo er dann trotz des amerikanischen Einfuhrzolls billiger als der Tee amerikanischer Schmuggler auf den Markt gelangen konnte. Wieder fühlten sich die Kolonien bedingungslos britischen Wirtschaftsinteressen ausgeliefert, und erneut formierte sich Widerstand. Öffentlich wurde zum Boykott des Tees der *East India Company* aufgerufen, und die Handelspartner der Gesellschaft in den Kolonien widerriefen unter dem Druck der „Freiheitssöhne" ihre Abnahmezusage. Zum offenen Konflikt kam es in Massachusetts. Ende November waren drei Teeschiffe der *East India Company* in den Bostoner Hafen eingelaufen, und auf mehreren Massenveranstaltungen wurde Gouverneur Hutchinson aufgefordert, sie unverrichteter Dinge nach England zurückzuschicken, was dieser verweigerte. Noch vor Ablauf der 20-Tage-Frist, nach der die Ladung wegen Nichtbezahlung der Zollgebühren hätte beschlagnahmt und an Land gebracht werden müssen, enterten in der Nacht des 16. Dezember 1773 auf Geheiß von Samuel Adams als Indianer verkleidete Männer die Schiffe und warfen alle 342 Teekisten in das Hafenbecken. Spätere Generationen sollten dieses ironisch als *Boston Tea Party* bezeichnete Ereignis mit dem Sturm auf die Bastille in der Französischen Revolution gleichsetzen. Der Punkt war erreicht, an dem es kein Umkehren mehr gab.

Regierung und Parlament in London beschlossen drakonische Maßnahmen. Die sogenannten Zwangsgesetze ordneten die sofortige Schließung des Hafens von Boston bis zur Zahlung einer Entschädigung an die *East India Company* und den britischen Staat für entgangene Zolleinnahmen an. Ferner sollten sich britische Kronbeamte zukünftig nicht mehr vor amerikanischen Gerichten verantworten müssen, sondern ein Gerichtsverfahren in Großbritannien erhalten. Schließlich wurde das Grundgesetz von Massachusetts praktisch abgeschafft; der Rat sollte künftig vom König, und alle weiteren Amtsträger, insbesondere in der Rechtspflege, sollten vom Gouverneur ernannt statt wie bisher gewählt werden. Als weitere Maßnahme beschloß das Parlament das Quebec-Gesetz. Darin fehlten alle Formen von Selbstverwaltung, wie in den dreizehn Kolonien üblich; dafür wurden die Rechte und Freiheiten der Katholiken und ihrer Kirche – gegen jede englische Tradition – anerkannt. Überdies wurde das französische Recht in der englisch gewordenen Provinz Quebec bestätigt, dessen Gebiet bis zum Ohio ausgedehnt wurde, für die nördlichen amerikanischen Kolonien einschließlich Virginia eine flagrante Verletzung ihrer Landansprüche im Westen. Zwei Wochen später verabschiedete das Parlament, um das Maß voll zu machen, die Ausdehnung des Einquartierungsgesetzes auf alle Kolonien und auf private Wohnungen.

Statt einen Keil zwischen das radikale Massachusetts und die übrigen Kolonien zu treiben, hatte London alle gegen sich aufgebracht und die eher bedächtige Elite mobilisiert. Diese setzte die Einberufung des Ersten Kontinentalkongresses durch, der im Herbst 1774 unter Teilnahme von Delegierten aus allen dreizehn Kolonien, außer Georgia, in Philadelphia tagte. Während Gemäßigte noch einen letzten Versuch zur Rettung der Union zwischen Großbritannien und seinen Kolonien unternahmen, ging die Mehrheit, obwohl zaghaft, eine ideologische Allianz mit den „Freiheitssöhnen" und den radikaleren Mittelschichten ein, bekannte sich zum Gedanken der Volkssouveränität und lehnte mit dieser Begründung die britischen Zwangsgesetze als verfassungswidrig und nichtig ab. Das Volk von Massachusetts sollte bis zu ihrer Zurücknahme keine Steuern an Großbritannien abführen, und die Bevölkerung in allen Kolonien wurde aufgefordert, sich zu bewaffnen und Milizen zu bilden. Der Aufruf zum strikten Einfuhrboykott beschloß die Gegenmaßnahmen; man vertagte sich, um am 10. Mai 1775 zur neuerlichen Lagebeurteilung erneut zusammenzutreten. Ebenso wie sich in den Kolonien die Radikalen durchgesetzt hatten, war auch in Großbritannien die Stunde der Gemäßigten vorbei. Zu weit war die Entwicklung eskaliert, auch ohne daß auf der einen Seite jene planmäßig zu Werke gegangen wären, die angeblich die Kolonien versklaven wollten, oder auf der anderen Seite jene, die von Anbeginn lediglich die Unabhängigkeit der Kolonien im Sinn gehabt hatten. Im Gegenteil war bislang das Wort „Unabhängigkeit" nie öffentlich gefallen, und selbst hinter vorgehaltener Hand war es nicht als politische Forderung aufgetaucht. Doch da Großbritannien nun durch den Beschluß zur Bewaffnung und die Kriegsvorbereitungen offen militärisch herausgefordert war, stand die Frage nach den amerikanischen Absichten mehr denn je im Raum.

Ohne auf Antworten aus London zu warten, vertraute man auf die Eigendynamik der Ereignisse, die schließlich eine Lösung herbeiführen werde. Nur so ist zu erklären, warum ein militärisch unbedeutendes Scharmützel von der amerikanischen Elite sogleich als das Startsignal zum Krieg interpretiert werden konnte. Gemeint ist der Zusammenstoß einer 700 Mann starken britischen Einheit mit der von Paul Revere aus Boston vorgewarnten Miliz, die sich den Briten auf ihrem Weg zur Aushebung eines Waffenlagers bei Concord in Lexington in den Weg stellte. Es konnte nie geklärt werden, welche Seite den ersten Schuß abgegeben hatte. Doch die ganze Aktion endete mit der Flucht der britischen Truppen, die schließlich unter erheblichen Verlusten Boston erreichten.

Statt es dabei zunächst zu belassen, beschlossen die Radikalen in Massachusetts sogleich, eine reguläre Armee aufzustellen, und forderten die übrigen Kolonien zur Unterstützung auf. Wenige Tage später entsandte das Sicherheitskomitee von Massachusetts 400 Mann nach Fort Ticonderoga im benachbarten New York, um in den Besitz der dort befindlichen schweren britischen Waffen zu gelangen. In Philadelphia trat vereinbarungsgemäß der Zweite Kontinentalkongreß – diesmal allerdings ohne die Gemäßigten – zusammen, rief nach wenigen Tagen den Verteidigungszustand für alle Kolonien aus und forderte die Bevölkerung Kanadas auf, sich den Maßnahmen der dreizehn Kolonien anzuschließen. Noch bevor man in London etwas von den ersten Schüssen wußte, hatten die Kolonien den Krieg unumkehrbar gemacht, und um auch die militärische Entwicklung in der Hand zu behalten, übertrug die Elite einem der ihren, George Washington, das Oberkommando über die Kontinentalarmee.

Der Krieg selbst bot trotz seiner rund achtjährigen Dauer nur wenig Höhepunkte, denn die Gegner waren zu ungleich. Auf der einen Seite standen trotz einer Reihe europäischer Freiwilliger meist Farmer ohne militärische Erfahrung. Sie mußten durch den preußischen General Friedrich Wilhelm von Steuben erst ausgebildet werden und waren oft schlecht ausgerüstet, wenngleich aus Frankreich, den Niederlanden und anderen Ländern, meist inoffiziell, Ausrüstung und Waffen kamen und Frankreich ab Februar 1778 auch offiziell auf seiten der Amerikaner in den Krieg eingriff. Auf der anderen Seite stand die führende Militärmacht der Welt, einschließlich ihrer Kriegsflotte, verstärkt um annähernd 30 000 Soldaten, die man von deutschen Fürsten in Sold genommen hatte. Doch das militärische Ungleichgewicht täuschte über die strategische Lage. Die Amerikaner kämpften in einer ihnen vertrauten Umgebung, die sie lediglich zu verteidigen brauchten und in der sie sich unauffällig bewegen konnten. Die Briten hingegen sahen sich der Aufgabe gegenüber, ein Land riesigen Ausmaßes militärisch zu erobern und zu sichern. Überdies galt es, ein gewaltiges logistisches Problem über den Atlantik hinweg zu lösen.

Waren die Amerikaner mithin strategisch eindeutig im Vorteil, so vermieden sie doch nach Möglichkeit die offene militärische Auseinandersetzung und praktizierten zumeist das, was dann als Guerillakrieg bekannt wurde. Daß sie dennoch zwei kriegsentscheidende Schlachten gewinnen konnten, lag vor allem an der mangelnden Zusammenarbeit der britischen Befehlshaber. Als der britische General Burgoyne von Kanada in Richtung New York vorstieß, um sich mit General Howe, der von New York nach Norden ziehen sollte, zu vereinen und damit Neuengland von den übrigen Kolonien abzutrennen, zog Howe es vor, Richtung Philadelphia zu marschieren. Ohne Entsatz mußte Burgoyne am 17. Oktober 1777 bei Saratoga kapitulieren. Ähnlich erging es am 19. Oktober 1781 General Cornwallis bei Yorktown. Er hatte sich an die Küste begeben, um notfalls mit Hilfe der britischen Flotte rasch nach New York zum Angriff auf Washingtons Armee zu gelangen. Doch dieser hatte die Absicht Cornwallis' durchschaut; er war seinerseits gemeinsam mit Lafayette nach Virginia geeilt und hatte die französische Flotte unter de Grasse zum Chesapeake Bay beordert. Die britischen Truppen waren eingekreist, ohne daß Hilfe von der eigenen Flotte in Aussicht stand. Cornwallis blieb nur die Kapitulation, womit der Krieg praktisch beendet war, zumal London nicht bereit war, weitere Armeen nach Amerika zu entsenden.

Wesentliche Ereignisse dieser Jahre hatten nicht auf dem Schlachtfeld stattgefunden. So war Anfang Januar 1776 die bedeutendste politische Flugschrift dieser Jahre erschienen,

26

Common Sense von Thomas Paine, einem radikalen englischen Einwanderer, der seit kaum zwei Jahren im Land war, mit ungewohnter Schärfe gegen das politische System Großbritanniens schrieb und für die dreizehn Kolonien die Unabhängigkeit forderte. Angesichts der beispiellosen Verbreitung und Popularität der Schrift war damit die Forderung nach Unabhängigkeit in aller Munde und politisch nicht mehr zu ignorieren. Der Kontinentalkongreß machte sie sich schließlich zu eigen und setzte ein Komitee für den Entwurf einer entsprechenden Erklärung ein. Am 2. Juli 1776 beschloß der Kongreß formell die Unabhängigkeit. Die Erklärung, unter Federführung von Thomas Jefferson entstanden, wurde am 4. Juli gebilligt und unterzeichnet.

Am 3. September 1783 erkannte Großbritannien mit dem Friedensvertrag von Paris die amerikanische Unabhängigkeit völkerrechtlich an. Zugleich wurde das Staatsgebiet mehr als verdoppelt und bis zum Mississippi erweitert, während Florida bei Spanien und Kanada bei Großbritannien blieb. Mit dem Abzug der britischen Truppen verließen zugleich die letzten etwa 7000 von insgesamt rund 100 000 Loyalisten, die aus Loyalität gegenüber dem britischen König den Schritt zur Unabhängigkeit nicht mitzutragen bereit waren, die unabhängig gewordenen Staaten; man hatte sie in den zurückliegenden Jahren wegen ihrer politischen Haltung bedrängt, verfolgt und teilweise mit Gewalt von Haus und Hof vertrieben. Ihr Eigentum war, wie später im Fall der Emigranten der Französischen Revolution – deren Zahl aber prozentual zur Gesamtbevölkerung erheblich geringer war –, konfisziert und verkauft worden. Da die Loyalisten in Kanada oder Großbritannien eine neue Heimat fanden und aus der amerikanischen Politik ausschieden, hat Amerika, anders als Frankreich, nie eine Konterrevolution erlebt.

Was aber war das genuin Revolutionäre in Amerika jenseits des politischen Konflikts mit dem Mutterland und des Krieges? Die durch den Abzug der Loyalisten und das Ende der Eigentümerkolonien bedingte Umverteilung von Land war zwar gewaltig, doch vollzog sie sich, anders als in Europa, in einem Umfeld, in dem Landbesitz nie als soziales Privileg, sondern ökonomisch als Ware betrachtet wurde, die allerdings mit allgemeinen politischen Rechten verbunden sein mochte. Anders als später in Frankreich war daher das sozialrevolutionäre Potential dieser Maßnahme eher gering, denn sie trug weder zur Stärkung einer Bourgeoisie noch zu ihrer Bindung an die Revolution nennenswert bei. Auch die Abschaffung aristokratischer Relikte wie unveräußerliche Erbgüter und Erstgeborenenrechte hatte keine den europäischen Verhältnissen vergleichbare Bedeutung, da sie ohnehin in den Kolonien kaum noch beachtet worden waren. Eher hatte noch das Verschwinden des königlichen Pachtzinses Auswirkungen.

Die eigentliche Bedeutung der amerikanischen Revolution lag auf anderen Ebenen. Sie vollzog sich mehr in den Köpfen als in den Bäuchen der „Amerikaner", als die sie sich zu begreifen begannen. Es war eine Befreiung nicht von Unterdrückern, doch von Mächten jenseits ihrer Kontrolle. Sie schüttelten Fesseln ab, gewannen ihr Selbstbestimmungsrecht, ihre Identität. Das setzte eine ungeheure Dynamik frei, die sich in allen ökonomischen, sozialen und politischen Bereichen auswirkte. Die Revolution war daher mehr als nur die Geburt einer Nation; sie wurde zum Beginn eines *Novus ordo saeculorum,* wie es seither im Siegel der Vereinigten Staaten heißt, und der erste grundlegende Ausdruck dieses Neuanfangs ist die Unabhängigkeitserklärung mit ihrem universalen Anspruch auf „Leben, Freiheit und dem Streben nach Glück" als „selbstverständliche Wahrheiten". Damit war das ganze Gefüge menschlicher Beziehungen auf eine neue Basis gestellt und das Verhältnis zwischen dem Wert des Individuums und dem Wohlergehen der Allgemeinheit zugunsten des Einzelnen neu geordnet. Das waren nicht mehr die sozialpolitischen Ordnungsvorstellungen Großbritanniens und nur begrenzt jene der nachfolgenden Französischen Revolution, doch die Auswirkungen in allen Bereichen des täglichen Lebens wie in der Organisation der politischen Macht waren weitreichend.

Die Diskussion um die zukünftige verfassungsmäßige Ordnung hatte bereits vor der Unabhängigkeitserklärung eingesetzt und zu unterschiedlichen Erwartungen und Forderungen im Blick auf politische Partizipation und Repräsentation geführt. Am breitesten war noch der Konsens in der Ablehnung des britischen Modells. Weder König noch Aristokratie standen zur Debatte. Doch während die Elite mit Nachdruck für eine Begrenzung der Allgewalt der Legislative plädierte, wie sie sich in Großbritannien herausgebildet hatte, drängten Angehörige der Mittelschichten auf die Durchsetzung der Volkssouveränität. Lediglich in Pennsylvania vermochten sich diese Mittelschichten im Sommer 1776 vorübergehend gegen die Elite durchzusetzen und eine radikaldemokratische Verfassung einzuführen, welche, die Jakobinische Verfassung von 1793 in Frankreich vorwegnehmend, von einer dominierenden Ein-Kammer-Legislative ausging, der ein abhängiger Exekutivrat als ausführendes Organ zur Seite stand. Das Volk hatte mittels des imperativen Mandats ein Mitwirkungsrecht bei der inhaltlichen Gestaltung und Verabschiedung von Gesetzen, und seine Rechte und Freiheiten waren in einer Menschenrechtserklärung verankert.

Die von der sozioökonomischen zur revolutionären Elite gewandelten nationalen Führer der Revolution waren entsetzt über diese Verfassung und verhinderten ähnliche radikaldemokratische Lösungen in den übrigen Staaten, wo sich ihr Verfassungsmodell durchsetzte mit der strikten Verwirklichung des montesquieuschen Prinzips der Gewaltentrennung mit drei voneinander unabhängigen Gewalten (Legislative, Exekutive und Judikative), die sich zur Sicherung der Rechte und Freiheiten der Bürger gegenseitig kontrollieren sollten, gegebenenfalls durch Hinzufügung einer Menschenrechtserklärung, für die die *Virginia Bill of Rights* vom 12. Juni 1776 vielfach das Vorbild abgegeben hatte.

Mit diesen Einzelstaatsverfassungen von 1776 und den nachfolgenden Jahren – von denen als älteste Verfassung der Welt die von Massachusetts von 1780 noch heute in Kraft ist – war etwas völlig Neues geschaffen worden. In der Fortentwicklung der Ideen, die der englischen Glorreichen Revolution von 1688/89 und ihren Vorstellungen von einer rechtlich eingeschränkten Regierung zugrunde lagen, hatte sich mit dem Zusammenbruch der britischen Kolonialverwaltung 1776 die Überzeugung durchgesetzt – formal in Anlehnung an die englische *Declaration of Rights* vom 13. Februar 1689 –, zunächst ein konstituierendes Dokument, eine Verfassung aufzusetzen, die aber nicht wie in England dem späteren Zugriff willkürlicher Parlamentsmehrheiten offen sei, sondern die Grundlage jeder späteren Gesetzgebung und damit ein höherrangiges Gesetz bilden sollte. Dadurch sollte die Freiheit des einzelnen dauerhaft vor staatlichen Übergriffen gesichert werden, festgeschrieben zudem noch in einem eigens erstellten Menschenrechtskatalog. Diese Verfassungen waren insoweit Ausdruck der Volkssouveränität, als sie durch die verfassunggebende Gewalt des Volkes gebildet werden sollten.

Grundlage der Verfassungsvorstellungen der revolutionären Elite war der Gedanke des Gleichgewichts, das allein die Freiheit sichern und bewahren konnte. Diese Verfassungen verstanden sich daher bewußt nicht als demokratisch etwa im Sinne der Verfassung von Pennsylvania von 1776 und verfügten über Gegengewichte gegen eine dominierende, beliebigen Mehrheiten willfährige Legislative; zudem bevorzugten sie häufig das Prinzip der indirekten Wahl. Für alle Wahlen galt, da in der Regel keine nennenswerten Veränderungen an der kolonialen Praxis des an Besitz gebundenen Wahlrechts vorgenommen worden waren, daß je nach Staat theoretisch zwischen zwanzig und vierzig Prozent der erwachsenen weißen Männer von der Wahl ausgeschlossen waren. Tatsächlich lagen jedoch die Wahlbeteiligungen in dieser Zeit jeweils deutlich unter dieser Sechzig- bis Achtzigprozentmarke.

Diese Einzelstaatsverfassungen, mit denen der moderne Konstitutionalismus seinen Anfang nahm, wurden durch eine Bundesverfassung ergänzt, mit der völkerrechtlich die Vereinigten Staaten entstanden. Das geschah zunächst durch die Konföderationsartikel von 1777, die 1781 in Kraft traten, mit denen ein loser Staatenbund mit einem Kongreß an der Spitze geschaffen wurde, in dem jeder Staat über eine Stimme verfügte und Beschlüsse mit einer Mehrheit von neun Stimmen gefaßt werden mußten. Die sich mehrenden Kritiker warfen dem Staatenbund nach Kriegsende mangelnde Handlungsfähigkeit vor, obwohl dieser die Armee demobilisiert und die Schuldenfrage weitgehend gelöst hatte. Sein größtes, bleibendes Werk war die *Northwest Ordinance* vom Juni 1787, mit der – nachdem es gelungen war, alle Staaten zur Aufgabe ihrer Landansprüche jenseits der Appalachen zu bewegen – das Gebiet nördlich des Ohio in fünf Territorien eingeteilt wurde. Jedes sollte als gleichberechtigter Staat in die Union aufgenommen werden, wenn es die Einwohnerzahl des kleinsten der bestehenden Staaten erreicht und sich eine republikanische Verfassung gegeben hatte: Es sind die bis heute bestehenden Grundsätze zur Aufnahme neuer Staaten in die Union, wie sie bislang letztmalig 1959 mit der Aufnahme von Alaska und Hawaii angewandt wurden. Damit war nicht nur das Prinzip der staatlichen Ausdehnung nach Westen verankert, sondern auch sichergestellt, daß der Grundsatz der Gleichheit der Staaten galt und es keine Staaten erster und zweiter Ordnung geben würde.

Als dieser Beschluß gefaßt wurde, tagte in Philadelphia bereits ein Konvent mit 55 Delegierten aus allen dreizehn Staaten außer Rhode Island, dessen Aufgabe es war, Vorschläge zur Verbesserung der Konföderationsartikel auszuarbeiten. Unter Mißachtung seines Mandats hatte der unter dem Vorsitz von George Washington hinter verschlossenen Türen tagende Konvent jedoch längst beschlossen, eine neue Verfassung für die Vereinigten Staaten zu konzipieren. Diese am 17. September 1787 einmütig verabschiedete Verfassung war ein Kompromiß zwischen allen Staaten, der die Grundsätze der Gewaltentrennung, des Gleichgewichts, der eingeschränkten Regierung und der Sicherung der Freiheit von 1776 voll übernahm und sie mit dem beispiellosen Gedanken des Bundesstaates verband. Alle Staaten sollten ihre Souveränität behalten und nur so viel davon an den zu schaffenden Bundesstaat abtreten, wie dieser zur Wahrnehmung seiner erweiterten Aufgaben benötigte, um den Handel im Innern zu ordnen und die Gesamtheit nach außen wirkungsvoll zu vertreten und zu schützen, wozu er eigener Steuern und Soldaten bedürfe. Zu diesem Zweck sollte an seiner Spitze ein Präsident als Chef der Exekutive stehen; von ihm unabhängig wurde eine Legislative errichtet. Dieser Kongreß sollte als Kompromiß zwischen den großen und den kleinen Staaten aus zwei Kammern bestehen, einem auf zwei Jahre gewählten Repräsentantenhaus, in dem jeder Staat gemäß seiner Bevölkerungszahl vertreten war, und einem auf sechs Jahre gewählten Senat, der nach dem Prinzip der Gleichheit der Staaten mit zwei Senatoren pro Staat gebildet wurde. Als dritte Gewalt wurde ein Bundesgerichtswesen eingerichtet mit einem *Supreme Court* als oberstem Bundesgericht an der Spitze. Der Bundesstaat war nur für bestimmte Aufgaben zuständig, alle anderen sollten den Einzelstaaten verbleiben, in deren Hoheit auch das jeweilige Wahlrecht lag.

Der Verfassungsentwurf fand ein geteiltes Echo, und in jedem Staat wurden Ratifizierungskonvente gebildet, die über seine Annahme oder Ablehnung entscheiden sollten. Ungezählte Reden wurden gehalten und Flugschriften verfaßt, doch zur bedeutendsten Verteidigung und Interpretation der Verfassung wurden jene 85 Artikel, die unter dem Pseudonym Publius 1787/88 in New Yorker Zeitungen erschienen und die unter dem Namen *The Federalist* seither zu den großen klassischen Texten des politischen Denkens gehören. Ihre Verfasser waren James Madison, der mehr als Alexander Hamilton, der zweite Autor, als der geistige Vater der Verfassung gilt, und John Jay, ein führender Jurist aus New York, Außenminister des Staatenbundes und von 1789–95 Oberster Richter am *Supreme Court*. Auch wenn es ungewiß ist, wie viel *The Federalist* zur Überwindung der verbreiteten Opposition in New York gegen die neue Verfassung beigetragen hat, ratifizierte New York am 26. Juli 1788 mit knapper Mehrheit als elfter und letzter der politisch gewichtigen Staaten die Verfassung, die damit in Kraft treten konnte. Dem alten Staatenbund blieb nur noch, den Übergang zu regeln, die Termine für die Wahl des Präsidenten festzulegen und den 4. März 1789 als Tag für die erste Zusammenkunft des neuen Kongresses zu bestimmen.

III. Die junge Republik (1789–1825)

Am 7. Januar 1789 wurden in allen Staaten außer Rhode Island, das die Verfassung mit denkbar knapper Mehrheit erst im Mai 1790 ratifizierte, die Wahlmänner für das Kollegium gewählt, das am 4. Februar den Präsidenten bestimmte. Es verstand sich von selbst, zumal der kränkelnde Benjamin Franklin soeben sein 83. Lebensjahr vollendet hatte, daß dieser nur George Washington heißen konnte, der folglich einstimmig gewählt wurde. Vizepräsident wurde im Sinne des sektionalen Ausgleichs John Adams aus Massachusetts. Neben dem Aufbau der neuen Verfassungsinstitutionen verabschiedete der Kongreß als Auflage aus den Ratifizierungsdebatten zwölf vor allem von James Madison konzipierte Verfassungszusätze, von denen zehn die erforderliche Mehrheit von drei Vierteln der Einzelstaaten fanden und als sogenannte *Bill of Rights* 1791 Teil der Verfassung wurden.

Neben der Ausgestaltung des institutionellen Rahmens standen schon bald inhaltliche Fragen im Mittelpunkt der politischen Debatte. Während Alexander Hamilton als Finanzminister für eine aktive Bundespolitik zur Förderung von Industrialisierung, Handel und Schiffahrt und ein von der Elite getragenes politisches System eintrat – wobei er seine Sympathien für Großbritannien und britische politische Institutionen kaum verbarg –, entwickelte sich der deutlich von der Französischen Revolution beeinflußte Außenminister Thomas Jefferson zu seinem profiliertesten Gegenspieler. Als Aufklärer, Freigeist und *gentleman farmer* aus Virgina trat er für ein agrarisch orientiertes Amerika freier und gleicher, tugendhafter Farmer ein und mißtraute einer zu machtvollen, bürgerfernen Zentralregierung. In beiden Positionen drückte sich mehr als der Streit zweier Regierungsmitglieder aus, die in Washingtons zweiter Amtsperiode schließlich beide die Regierung verließen. Vielmehr trat ein politischer Grundkonflikt ans Licht, der in die Entstehung zweier politischer Parteien mündete, der *Federalists,* die sich um Hamilton und Adams scharten, und der *Jeffersonian Republicans*, in der die heutige Demokratische Partei ihre politischen Wurzeln sieht.

Die Auseinandersetzung um die Französische Revolution hatte nicht nur demokratische Überzeugungen in den Vereinigten Staaten mobilisiert, sie hatte auch außenpolitische Folgen. Schließlich waren beide Länder seit 1778 durch einen Freundschafts- und Beistandspakt miteinander verbunden. Doch angesichts seiner außenpolitischen Schwäche, seiner auf Großbritannien ausgerichteten Handels- und Wirtschaftsinteressen und nicht zuletzt der Präsenz der britischen Kriegsmarine auf dem Atlantik kam für Washington, der, ebenso wie Adams, 1792 in seinem Amt bestätigt worden war, eine Unterstützung Frankreichs nicht in Frage. Wichtiger erschien ein Auskommen mit Großbritannien, mit dem es in der Vergangenheit genug Reibereien gegeben hatte, die auch nicht durch den 1794 ausgehandelten und in der Folge politisch sehr umstrittenen Vertrag *(Jay's Treaty)* ausgeräumt wurden. Doch das Problem der französischen Allianz war damit nicht gelöst, und Washington betonte im September 1796 in seiner berühmten Abschiedsbotschaft an die amerikanische Nation, daß Amerika zwar mit allen Ländern Handel treiben, sich aber aus europäischen Angelegenheiten heraushalten solle, da es Amerikas „wahre Politik sei, dauerhafte Bündnisse mit irgendeinem Teil der Außenwelt zu vermeiden". Dieses isolationistische Credo, so berechtigt es angesichts der tatsächlichen Machtverhältnisse zu seiner Zeit auch war, durchzieht seit 200 Jahren die amerikanische Außenpolitik, obwohl es sich inzwischen längst vom Postulat des Selbsterhalts zum Ausdruck arroganter Selbstgefälligkeit gewandelt hat.

Washington hatte mit seiner Botschaft allerdings vorrangig betonen wollen, daß zwei Amtsperioden mit zusammen acht Jahren genug seien, ein Maßstab, den in der Folge alle amerikanischen Präsidenten, mit Ausnahme von Franklin D. Roosevelt, beachtet haben. Washingtons Nachfolger John Adams blieb mit den durch die Französische Revolution aufgeworfenen Problemen konfrontiert. Während das Verhältnis zu Frankreich in diesen Jahren bis an die Schwelle des offenen Krieges eskalierte, heizten im Innern die Fremden- und Aufruhrgesetze von 1798 das politische Klima an. Die *Jeffersonians* warfen der Regierung vor, mit diesen vier Gesetzen die politische Opposition mundtot machen zu wollen und sich verfassungswidrige Rechte anzumaßen. Jefferson und Madison verfaßten zwei Stellungnahmen, die als die Kentucky- und Virginia-Resolutionen die politische Kontroverse verschärften, weil damit zwei Einzelstaaten, die sich diese Stellungnahmen zu eigen gemacht hatten, beanspruchten, Gesetze des Bundes auf ihre Übereinstimmung mit der Verfassung überprüfen und gegebenenfalls verwerfen zu können. Damit war die fundamentale Frage nach den Rechten der Einzelstaaten und dem Charakter des Bundesstaates aufgeworfen, den die Verfassung in der Schwebe gelassen hatte und der seine politisch eindeutige Antwort erst mit dem Bürgerkrieg finden sollte. Zur innenpolitischen Entspannung und Neugestaltung trug die Präsidentenwahl von 1800 bei, in der sich Jefferson gegen Adams durchsetzte und damit die Rückkehr zum liberalen Geist von 1776 zu verheißen schien, wobei es von symbolischem Wert sein mochte, daß Jefferson als erster Präsident sein Amt in der neuen Bundeshauptstadt Washington antrat.

Die Veränderung des politischen Klimas im Lande war bedeutsam, war doch Jefferson der erste in einer langen Reihe von Präsidenten bis zur Gegenwart, die die Grenzen ihrer politischen Macht vom *Supreme Court* erfahren mußten. Anfang des Jahres 1803 verkündete der noch von Adams ernannte *Chief Justice* John Marshall, der 34 Jahre lang diesem Gericht vorsitzen sollte und die bedeutendste Rechtspersönlichkeit der amerikanischen Geschichte wurde, sein Urteil im Fall Marbury gegen Madison, mit dem das Gericht den Grundsatz des in der Verfassung nicht verankerten richterlichen Überprüfungsrechts *(judicial review)* von Gesetzen begründete, worin Jefferson eine ungeheuerliche Machtanmaßung erblickte.

Hatte Jefferson in diesem Punkt eine zu großzügige Auslegung der Verfassung moniert, so nahm er kurz darauf für sich stillschweigend gleiches Recht in Anspruch. Aus wirtschaftlichen Gründen hatten die Vereinigten Staaten ein erhebliches

Interesse am ungehinderten Zugang zu New Orleans als dem Umschlaghafen für nahezu das gesamte Gebiet zwischen Appalachen und Mississippi. Als Jefferson erfuhr, daß Spanien Louisiana 1801 in einem Geheimvertrag an Frankreich abgetreten hatte, beauftragte er seinen Gesandten in Paris zu sondieren, ob man gewillt sei, das Gebiet um New Orleans an die Vereinigten Staaten zu verkaufen. Die Verhandlungen endeten im Mai 1803 mit dem Verkauf des riesigen Gebietes zwischen Mississippi und Rocky Mountains nördlich von Texas, mit dem sich das Staatsgebiet der Vereinigten Staaten verdoppelte. Nicht so sehr der Kaufpreis von umgerechnet 15 Millionen Dollar, mit dem die amerikanischen Unterhändler ihre Befugnisse deutlich überschritten hatten, war das Problem, als vielmehr die Tatsache, daß die Verfassung dem Bund kein Recht eingeräumt hatte, ausländisches Staatsgebiet zu kaufen und in das eigene zu integrieren. Schon wurden im handelsorientierten Nordosten der Vereinigten Staaten Stimmen laut, daß in der Union die agrarischen Interessen des Südens und Westens ein Übergewicht bekommen könnten.

Einige Monate vor dem Kauf Louisianas hatte Jefferson eine Expedition zur Erkundung des Kontinents und des Landwegs zum Pazifik angeregt, die als sogenannte Lewis-und-Clark-Expedition 1803–06 nicht nur in wissenschaftlicher Hinsicht bedeutend werden sollte, sondern auch dazu beitrug, daß der Ferne Westen in der amerikanischen Vorstellungswelt reale Konturen anzunehmen begann und die Phantasie zukünftiger Generationen von Amerikanern beflügelte.

Jefferson war populär, und nachdem Hamilton 1804 bei einem Duell sein Leben verloren hatte, war der Verfall der Partei der *Federalists* kaum noch aufzuhalten, so daß Jefferson fast unumstritten auf weitere vier Jahre zum Präsidenten gewählt wurde. Doch diese zweite Amtszeit sollte schon bald in den Sog der Napoleonischen Kriege und ihrer Rückwirkungen auf Handel und Schiffahrt geraten, da amerikanische Handelsschiffe immer wieder, unter Mißachtung der Rechte der neutralen Schiffahrt, Opfer britischer Übergriffe wurden. Alle amerikanischen Proteste blieben unbeachtet, so daß die

36

Vereinigten Staaten 1806 die Einfuhr einer Fülle britischer Produkte untersagten. Als auch diese Maßnahme wirkungslos blieb, schien dem Pflanzer Jefferson nur noch das Mittel des völligen Handelsembargos zu bleiben, das der Kongreß im Dezember 1807 gegen den erbitterten Widerstand der *Federalists* und der Handelsinteressen des Nordostens beschloß. Ab sofort war jeder Handel zu Land oder zu Wasser mit anderen Staaten untersagt und amerikanischen Schiffen das Anlaufen ausländischer Häfen verboten.

Das Embargo erwies sich ökonomisch rasch als kontraproduktiv und außenpolitisch als völliger Fehlschlag. Großbritannien blieb gänzlich unbeeindruckt und bediente sich anderer Überseemärkte, während die amerikanische Wirtschaft erheblich beeinträchtigt wurde, auch wenn sich bald ein blühender Schmuggel insbesondere über Kanada entwickelte. Schließlich blieb Jefferson keine andere Wahl, als das Embargo wieder aufzuheben und durch ein Handelsverbot mit Großbritannien und Frankreich zu ersetzen, bis beide Staaten die Rechte der neutralen Schiffahrt respektierten.

Jeffersons Nachfolger James Madison, ebenfalls aus Virginia, trat auch in diesem Punkt das Erbe der Jeffersonschen Politik an. Und als sich das Verhältnis zu Großbritannien nicht verbesserte und Gerüchte umliefen, London würde Indianerstämme unterstützen, um das Vorrücken weißer Siedlungen im Bereich der Großen Seen zu verhindern, machte sich eine unverhohlen nationalistische Stimmung im Lande breit, in der vor allem aus dem Süden und Westen stammende Vertreter im Kongreß als die sogenannten „Kriegsfalken" immer offener für einen Krieg mit Großbritannien plädierten, mit dem zugleich Kanada und Florida erobert werden sollten. Tatsächlich erklärte der Kongreß mit Madisons Billigung, doch gegen den Widerstand aus dem Norden am 18. Juni 1812 Großbritannien den Krieg. Dieser Krieg von 1812 sollte sich bald als militärisches Desaster erweisen, zumal Großbritannien ihm nach Ende des Kriegs in Europa größere Aufmerksamkeit widmen konnte. Der Versuch der Eroberung Kanadas scheiterte kläglich, und schließlich erlebten die

Amerikaner noch die Schmach, daß ihre Armee dem feindlichen Anmarsch auf Washington kampflos auswich, worauf die Briten im August 1814 große Teile der Hauptstadt, darunter das Weiße Haus und das Kapitol, in Brand setzten. Am 24. Dezember 1814 wurde in Gent im fernen Belgien ein Frieden geschlossen, der alles beim alten beließ und die Lösung der bilateralen Probleme auf später vertagte.

Völkerrechtlich war damit der Krieg zu Ende, innenpolitisch jedoch noch lange nicht. Aus Zorn über „Mr. Madisons Krieg", der der Nation von Sklavenhaltern im Süden und Farmern im Westen aufgezwungen worden sei, tagte seit Mitte Dezember 1814 der Konvent von Hartford mit Vertretern aller Neuenglandstaaten und machte sich die Staatsrechtsdoktrin der Kentucky-und-Virginia-Resolutionen von 1798 zu eigen. Vor allem der Einfluß des Südens in der Union sollte mit Hilfe von Verfassungszusätzen zurückgedrängt werden, um den legitimen Rechten anderer Sektionen mehr Gewicht zu geben. Das Gespenst der Sezession tauchte auf.

Doch kaum hatten die *Federalists* in Hartford ihre Resolution verabschiedet, konnten amerikanische Truppen unter Andrew Jackson am 8. Januar 1815 eine britische Armee bei New Orleans vernichtend schlagen. Noch wußte man in Amerika nichts von dem Friedensschluß, und das Land konnte endlich einen Sieg und einen nationalen Helden feiern. In der Euphorie dieses für den Krieg völlig belanglosen Ereignisses bekamen die Beschlüsse von Hartford leicht den Beigeschmack des Landesverrats, und sie haben den endgültigen Untergang der Partei der *Federalists* daher nur beschleunigt. Zwar stellten sie bei den Wahlen von 1816 noch einen Gegenkandidaten auf – worauf sie 1820 dann ganz verzichteten –, doch konnte dieser gegen den siegreichen James Monroe aus Virginia weder alle Neuenglandstaaten noch seinen Heimatstaat New York hinter sich bringen.

Angesichts des zunehmenden Entschwindens einer nationalen Oppositionspartei hat man die achtjährige Präsidentschaft Monroes gern als die Zeit des nationalen Wohlwollens bezeichnet. Es ist aber auch die Zeit, in der über die Probleme des Zusammenwachsens der größer gewordenen Vereinigten Staaten mit ihrer weiter nach Westen wandernden Bevölkerung diskutiert wurde. Eine erste nationale Straße von Cumberland, Md. nach Wheeling, Va. war bereits gebaut worden, und sie wurde schließlich weiter nach Westen verlängert. Doch verfassungsrechtlich war höchst umstritten, ob der Bund befugt sei, Straßen zu bauen. Darüber hinaus gab es erhebliche Zweifel, ob Straßen überhaupt die angemessene Lösung für die Probleme der amerikanischen Infrastruktur seien, zumal die Kosten für Bau und Unterhalt der Straßen meist höher waren als die erhobenen Benutzungsgebühren.

Hinzu kam, daß das Zeitalter der Dampfschiffahrt begonnen hatte. Der Transport über Wasserwege erschien höchst attraktiv und führte 1817 zum Baubeginn des Eriekanals, der erstmals die Atlantikküste mit den Gebieten jenseits der Appalachen verbinden sollte, indem er vom Hudson bei Albany entlang des Mohawk bis Buffalo führen und oberhalb der Niagarafälle in den Eriesee einmünden sollte. Als der Kanal, als technische Meisterleistung gefeiert, 1825 fertiggestellt war, war der Erfolg des Unternehmens bereits ebenso sichergestellt wie der Aufstieg New Yorks zum führenden Hafen an der Atlantikküste. Keine andere Stadt verfügte über eine vergleichbare leistungsfähige Landverbindung zum amerikanischen Hinterland jenseits der Appalachen, und kein weiterer amerikanischer Kanalbau der Folgezeit sollte ein ähnlicher ökonomischer Erfolg werden, nicht zuletzt aber auch, weil spätere Kanalbauten bereits in unmittelbarer Konkurrenz zur aufkommenden Eisenbahn standen.

Blieb die Beteiligung des Bundes an diesen Verbesserungen der Infrastruktur auch politisch und verfassungsrechtlich ungeklärt, so war doch der amerikanische Drang nach Westen und zur Expansion ungebrochen. 1818 gelang es, einige der strittigen Probleme mit Großbritannien zu lösen. Dazu gehörten die amerikanischen Fischereirechte auf der Neufundlandbank und vor Labrador, insbesondere aber die Festlegung der Grenze zu Kanada, die, vom Lake Superior dem Lauf des Rainy folgend, zum Lake of the Woods und von dort zum

Hauptkamm der Rocky Mountains entlang des 49. Breitengrads verlaufen sollte. Ohne daß es jemand ahnte, hatten sich die Vereinigten Staaten damit die riesigen Eisenerzvorkommen beim späteren Duluth gesichert.

Doch die Amerikaner richteten den Blick bereits weiter. Die Konflikte mit den Indianern hatten an der Südgrenze mehrfach zu Kriegen geführt, in denen Andrew Jackson – nicht immer zur Freude der Politiker in Washington – seinen Namen als jemand gefestigt hatte, der nicht zögerte durchzugreifen. Das mag mit dazu beigetragen haben, daß Spanien 1819 zu einem kontinentalen Interessenausgleich bereit war: Florida an die Vereinigten Staaten abzutreten, die ihrerseits den spanischen Besitz in Mexiko einschließlich Texas anerkannten, während Spanien seinerseits mit dem 42. Breitengrad als Nordgrenze den amerikanischen Anspruch auf Ausdehnung bis zum Pazifik akzeptierte. Als die Amerikaner fünf Jahre später mit den Russen vereinbarten, daß die Südgrenze des russischen Einflußgebietes entlang der pazifischen Küste bei 54° 40′ nördlicher Breite liegen sollte, stand nur noch die Klärung der Oregon-Frage mit den Briten für die tatsächliche Ausdehnung des amerikanischen Staatsgebietes bis zum Pazifik aus.

Dieses Ausgreifen der Vereinigten Staaten machte sich außenpolitisch auch in einem anderen Bereich geltend. Überall in den spanischen Besitzungen auf dem amerikanischen Kontinent hatten die Unabhängigkeitskämpfe nach und nach zu Erfolgen und zur Gründung unabhängiger Staaten geführt. Militärisch waren die Vereinigten Staaten nicht in der Lage, den neuen Staaten zu Hilfe zu kommen. Doch der mögliche Versuch einer spanischen Rückeroberung oder des Eindringens einer anderen europäischen Nation in dieses Machtvakuum veranlaßte Monroe, am 2. Dezember 1823 eine Erklärung vor dem amerikanischen Kongreß abzugeben, daß der amerikanische Kontinent eine eigene Welt unabhängig vom politischen System Europas sei und daß jeder Versuch einer Rekolonisierung oder Einmischung als Gefährdung des Friedens und der Sicherheit in der Hemisphere gelten müsse, genau wie Amerika sich nicht in europäische Angelegenheiten einmische. Diese als Monroe-Doktrin in die Geschichte eingegangene Erklärung war Ausdruck eines gewachsenen amerikanischen Selbstbewußtseins. Politisch hatte sie im ganzen 19. Jahrhundert keinerlei Bedeutung. Die lateinamerikanischen Nationen wußten nur zu gut, daß, wenn etwas ihre Unabhängigkeit bewahren helfen konnte, es die britische Kriegsmarine und nicht die Erklärung von Monroe war.

Dieses amerikanische Selbstbewußtsein war in hohem Maße Ausdruck der Tatsache, daß sich die junge Republik behauptet und gefestigt hatte. Sie war allen Kassandrarufen zum Trotz nicht auseinandergebrochen und im Chaos versunken. Im Gegenteil, die in der Revolution angelegten Tendenzen begannen sich durchzusetzen und führten, statt zur Erstarrung, zu einer zunehmenden demokratischen Öffnung von Politik und Gesellschaft. Es wurden, einer hartnäckigen Legende zum Trotz, zwar nicht überall die Wahlrechtsbeschränkungen aufgehoben – dies geschah lediglich dort, wo sich keine fest verankerten Eliten hatten etablieren können, also insbesondere in den neuen Staaten des Westens –, aber der Geist der Nation und ihr Selbstverständnis waren deutlich demokratischer geworden.

Dazu hatte auf ihre Weise auch die Wirtschaftskrise von 1819 beigetragen; sie war eine verspätete Reaktion auf die europäische Wirtschaftskrise nach dem Ende der Napoleonischen Kriege, die vor allem den Westen hart traf, wo im Zeichen der ungebremsten Nachfrage nach landwirtschaftlichen Produkten der voraufgegangenen Jahre eine wilde Spekulation eingesetzt hatte. Nun brach sie in sich zusammen, so daß eine Vielzahl von Farmern ihre Kredite nicht mehr bedienen konnten, während die Gläubigerbanken im Osten, allen voran die Bank der Vereinigten Staaten, unerbittlich blieben. Nur zu leicht machte das Wort von dem „Monster", das die Farmer im Westen und ihre Familien verschlinge, die Runde und sollte sich noch als politische Münze auszahlen.

Die Wahlen von 1824 schienen dafür der geeignete Rahmen. Virginia war nicht in der Lage, einen Nachfolger für

Monroe zu benennen, und so traten in der Desintegration der *Jeffersonian Republicans* gleich vier Bewerber auf, mit dem Ergebnis, daß keiner von ihnen die erforderliche Mehrheit im Wahlmännerkollegium erreichte. Am besten hatte bei der Volkswahl Andrew Jackson aus Tennessee abgeschnitten. Doch im Repräsentantenhaus, das nun nach der Verfassung die Wahl unter den drei Bestplazierten vorzunehmen hatte, setzte sich aufgrund einer Wahlabsprache John Quincy Adams aus Massachusetts, der Sohn von John Adams, durch. Damit hatte noch einmal die Ostküstenelite den Sieg davongetragen. Doch Jackson wurde in der Folge nicht müde zu betonen, das Volk sei um seinen Sieg betrogen worden.

IV. Expansion nach Westen und wachsender Nord-Süd-Konflikt (1819–1860)

Mit der Wahl John Quincy Adams' und der Ernennung Henry Clays aus Kentucky zum Außenminister und präsumptiven Nachfolger verstärkten sich die nationalistischen Züge, die sich im Innern durch den verstärkten Ausbau der Infrastruktur („Amerikanisches System") und den Beginn der Umsiedlungspolitik der Indianer in Gebiete westlich des Mississippi und nach außen im höchsten Schutzzolltarif für die aufstrebende amerikanische Industrie vor dem Bürgerkrieg niederschlugen. Dieser Schutzzoll war im wesentlichen das Ergebnis einer von Martin Van Buren aus New York gegen Adams geschmiedeten politischen Opposition gewesen, deren Ziel es war, bei den Wahlen von 1828 Andrew Jackson endlich zum Sieg zu verhelfen. Mit ihnen sollten zugleich die Entscheidungsprozesse des politischen Systems aus der verfassungsrechtlichen Grauzone interner Absprachen geholt und auf die Basis demokratisch agierender und durchstrukturierter politischer Parteien gestellt werden.

Mit einer deutlichen politischen Mobilisierung setzte sich Jackson, dessen Anhänger sich künftig *Democrats* nannten, überzeugend gegen Adams durch. Daß mit seiner Präsidentschaft „die Ära des kleinen Mannes" begann, lag nicht zuletzt daran, daß mit Jackson erstmals ein Präsident ins Weiße Haus einzog, der nicht der bislang auf nationaler Ebene tonangebenden Elite der Ostküste entstammte, sondern, wie viele seiner nun in die politischen Ämter in Washington einziehenden Mitarbeiter, aus den jungen Staaten jenseits der Appalachen kam. Was die einen, ungeachtet der eher geringen tatsächlichen Zahlen, als rücksichtsloses parteipolitisches „Beutesystem" zugunsten ungebildeter Hinterwäldler verurteilten, verteidigte Jackson als notwendige demokratische Ämterrotation. Dennoch sollte Jackson gegen die etablierten Washingtoner Machtstrukturen einerseits, aber auch gegen unterschiedlichste Opposition in verschiedenen Landesteilen andererseits – zu denen häufig eine sich herausbildende, kulturell von Großbritannien beeinflußte Arbeiterbewegung mit ersten Gewerkschafts- und Parteigründungen zählte – keinen leichten Stand haben. Doch er war nach Charakter und Werdegang nicht der Mann, der vor Widerständen zurückschreckte. Als sein langjähriger Gegner Henry Clay ihn 1832 mit einem unzeitgemäßen Gesetzentwurf zur Verlängerung der Konzession für die private, doch mit Hoheitsaufgaben privilegierte Bank der Vereinigten Staaten politisch vorführen wollte, um seine Wiederwahl zu vereiteln, konterte Jackson mit einem donnernden Veto gegen eine Maßnahme, die nur dazu diene, die Mächtigen und Reichen auf Kosten der einfachen Leute noch mächtiger und reicher zu machen.

Kaum hatte sich Jackson gegen den Kongreß in der Bankfrage durchgesetzt, wurden in South Carolina die von dem noch amtierenden Vizepräsidenten John C. Calhoun angeführten Stimmen lauter, die im Rückgriff auf die Staatsrechtsdoktrin das Recht des Einzelstaates behaupteten, gegen ein den Interessen ihres Staates zuwiderlaufendes Bundesgesetz eine Nichtigkeitserklärung aussprechen zu können. Konkret ging es in dieser *Nullification Crisis* um jenes erwähnte Zollgesetz von 1828, dessen künftige Zwangsdurchsetzung South Carolina mit Sezession beantworten würde. Doch Calhoun und die politische Führung seines Staates hatten sich zu weit vorgewagt. Kein weiterer Staat des Südens war bereit, ihrem Beispiel zu folgen, und Jackson, soeben mit dem Votum von zwei Drittel aller Staaten gegen Clay im Amt bestätigt, war entschlossen durchzugreifen. Vom Kongreß ließ er sich die gesetzliche Vollmacht geben, notfalls mit Waffengewalt die Befolgung von Bundesgesetzen zu erzwingen. Zugleich aber stimmte er einem Zollkompromiß zu. South Carolina blieb nur der stillschweigende politische Rückzug. Der Probelauf zu Sezession und Bürgerkrieg war gescheitert, doch die Doktrin von den originären Rechten der Einzelstaaten gegenüber der Union lebte im Süden weiter.

Die Sonderrolle des Südens sollte fortan zur Belastungsprobe der Union werden. Der Süden, jener südlich der Südgrenze von Pennsylvania (Mason-Dixon-Linie) und des Ohio gelegene Teil der Vereinigten Staaten, hatte seit Anbeginn ein prekäres Gleichgewicht zu den Staaten des Nordens zu halten gesucht, um seine Eigenständigkeit, essentiell verknüpft mit der Sklaverei – seiner *peculiar institution* –, aufrechtzuerhalten, denn diese Sklaven galten für die sich immer weiter nach Westen ausdehnenden Baumwollplantagen als unverzichtbar.

Wirtschaftshistoriker haben seither darüber gestritten, ob die Sklaverei ökonomisch sinnvoll war. Selbst wenn man dies zugestehen mag, ist das nicht die entscheidende Frage. Die Plantagenbesitzer des Südens, darunter etliche der reichsten Amerikaner ihrer Zeit, hätten sich durchaus freie Lohnarbeit „leisten" können. Für sie lag die Bedeutung der Sklaverei auf einer politisch-sozialen wie kulturellen Ebene. Die Masse der schwarzen Sklaven – immerhin waren es am Vorabend des Bürgerkriegs 1860 nahezu 4 Millionen – befand sich in der Hand einer dünnen Oberschicht, nämlich von 12% aller Sklavenhalter, die ihrerseits wiederum ungefähr 3% der Gesamtbevölkerung des Südens entsprachen, während die Zahl der Weißen, die Sklaven besaßen, ständig abnahm und 1860 noch gerade etwas mehr als ein Viertel der weißen Bevölkerung betrug. Es waren jene 3%, deren herausragende politisch-soziale Position ursächlich mit dem Besitz von Sklaven verbunden war, die die Politik des Südens bestimmten. Für diese Elite war der Fortbestand der Sklaverei unmittelbar mit dem Problem des eigenen Machterhalts verknüpft. Im Innern geschah dies in der ersten Hälfte des 19. Jahrhunderts durch zunehmenden Konformitätsdruck mit immer bizarrer werdenden moralischen Rechtfertigungsversuchen – was u.a. dazu führte, daß in den Jahrzehnten vor dem Bürgerkrieg rund eine Million Weiße den Süden verließen –, während gegenüber dem Norden jahrzehntelang der Verfassungskompromiß von 1787 zu Hilfe kam. So waren zwar die Staaten gemäß ihrer Bevölkerungszahl im Repräsentantenhaus vertreten, doch die ansonsten völlig rechtlosen Sklaven wurden nach der ominösen Dreifünftelklausel in die Bevölkerung hineingerechnet. Das führte im Norden immer wieder zu dem Vorwurf, der

Süden sei politisch überrepräsentiert. Wenn mit dieser Bestimmung auch nicht die ständig wachsende Übermacht des Nordens im Repräsentantenhaus verhindert werden konnte, war doch zumindest im Senat jeder Staat mit zwei Senatoren gleichberechtigt vertreten. Ferner kam die Mehrheit der Präsidenten wenigstens bis 1850 ebenso wie die der Mitglieder des *Supreme Court* aus dem Süden, darunter seit 1801 die beiden einflußreichen Vorsitzenden John Marshall und Roger B. Taney. Der Süden hatte also durchaus einen überproportionalen Einfluß auf die Bundesinstitutionen in der ersten Hälfte des 19. Jahrhunderts, und er achtete peinlich darauf, daß das sektionale Gleichgewicht im Senat gewahrt blieb, nachdem es 1796 erreicht worden war, als den sieben ursprünglichen Staaten des Nordens plus Vermont die um Kentucky und Tennessee ebenfalls auf acht angewachsenen Staaten des Südens gegenüberstanden. Mit der Aufnahme weiterer Staaten in die Union blieb es bei diesem Gleichgewicht, bis 1819 Missouri die Aufnahme in die Union als Sklavenstaat beantragte.

Einerseits widersprach die Einführung der Sklaverei in Missouri jener Politik des Nordens, die Sklaverei stillschweigend dort zu dulden, wo sie an die Bedingungen des Baumwollanbaus geknüpft war. Denn aus klimatischen Gründen war Baumwollanbau in Missouri nicht möglich. Andererseits gab es westlich des Mississippi weder eine offensichtliche geographische Grenze zwischen Nord und Süd noch bislang eine politisch akzeptierte Linie. Das Ergebnis der Auseinandersetzungen war der Missouri-Kompromiß von 1820: Missouri wurde als Sklavenstaat in die Union aufgenommen, doch im weiteren Verlauf nach Westen sollte 36° 30´, d.h. die Breite der Südgrenze von Missouri, die Grenze zwischen Nord- und Südstaaten bilden. Zum Ausgleich für Missouri wurde Maine von Massachusetts abgetrennt und als eigener, freier Staat in die Union aufgenommen. Auf der Basis dieses Kompromisses sollte das Gleichgewicht zwischen den Sektionen für die nächsten dreißig Jahre gewahrt bleiben, ungeachtet der in diese Jahrzehnte fallenden gewaltigen Westausdehnung.

Der Kulturkonflikt war damit nur vertagt. Der Norden mit seiner durch neue Einwanderer aus Nordwesteuropa schnell wachsenden Bevölkerung stieß immer weiter nach Westen vor, dessen fruchtbare Flächen für eine marktorientierte landwirtschaftliche Produktion prädestiniert schienen. Doch angesichts des Fehlens besitzloser Landarbeiter konnte dem Zwang zur Produktionssteigerung, um sich am Markt behaupten zu können, nur mit Rationalisierung, Intensivierung und Mechanisierung begegnet werden. Zugleich aber mußten die meisten Agrarprodukte möglichst rasch verarbeitet werden, um Transportkosten zu senken. Mit beiden Faktoren war nicht nur der Grundstein für den modernen Agrarkapitalismus der Vereinigten Staaten gelegt, der sich im Norden ungleich rasanter als in Europa entwickelte, sondern auch für die Vielzahl von Landstädten als Zentren landwirtschaftlicher Verarbeitungs- wie Zulieferungsindustrie. Auf der anderen Seite stand der Süden mit seinem immer gewaltigeren Baumwollreich, dessen Bewirtschaftung völlig unabhängig war von Industriebetrieben und Städten, da Rohbaumwolle sich in Ballen verschnürt ebenso problemlos verschiffen ließ wie in verarbeitetem Zustand. Da Städte und Fabrikarbeit ohnehin dem Wesen der Sklaverei abträglich waren, wurden auch gar keine Anstrengungen unternommen, Transport und Verarbeitung vor Ort zu organisieren. Man überließ dies gern den Baumwollspinnereien im fernen Manchester und anderswo.

Der Konflikt zwischen dem unaufhaltsam vorwärtsstürmenden Agrarkapitalismus des Nordens, seiner Industrialisierung und der ständigen Nachfrage nach billigem Land und billigen Arbeitskräften und der rückwärtsgewandten, scheinaristokratischen und vorkapitalistischen Sozialordnung des Südens, basierend auf der Sklaverei, reich zwar, doch ökonomisch in vielfältiger Weise abhängig, erschien immer unvermeidlicher. Kein Wunder, daß gerade in der Zeit der sog. „Marktrevolution", als der amerikanische Agrarkapitalismus begann, seine ganze Dynamik zu entfalten, in den 1830er Jahren – nicht zuletzt unter dem Eindruck eines der blutigsten Sklavenaufstände im Süden – die *American Antislavery Society* als

Zusammenschluß regionaler Vereinigungen gegründet wurde und die sog. „Abolitionistenbewegung" sich zu einer wachsenden politisch-moralischen Kraft im Norden entwickelte.

Der Süden blieb unbeirrt und der Bund im Interesse der Union untätig. Nur so erklärt sich, warum, ungeachtet des stetigen amerikanischen Drangs nach Westen, der amerikanische Kongreß und mit ihm Van Buren als Nachfolger Jacksons im Präsidentenamt 1837 den Antrag von Texas – das sich im Jahr zuvor von Mexiko abgespalten und seine Unabhängigkeit mit inoffizieller amerikanischer Unterstützung durchgesetzt hatte – um Aufnahme in die Union ablehnten. Texas war zwar weitgehend von Ranchern besiedelt, die aus den Vereinigten Staaten eingewandert waren, aber der Norden wandte sich strikt gegen jede Ausweitung des Staatsgebietes, die allein den Sklavenhaltern im Süden zugute kam. Zu mehr war der Kongreß jedoch nicht bereit, und das Repräsentantenhaus lehnte es nahezu einmütig ab, in Zukunft Petitionen bezüglich der Abschaffung der Sklaverei auch nur zu behandeln.

Daß Van Burens Präsidentschaft unter keinem guten Stern stand, obwohl er u. a. entscheidend zu dem 1842 erfolgten Ausgleich mit Großbritannien über die seit Jahrzehnten offenen Fragen und die Grenzziehung in Maine beigetragen hatte, lag nicht zuletzt an der anhaltenden Wirtschaftskrise von 1837. Sie überschattete die Wahlen von 1840, in denen sich William H. Harrison und sein Vizepräsidentschaftskandidat John Tyler von den in den dreißiger Jahren entstandenen *Whigs* gegen Van Buren durchsetzten. Doch während Harrison schon nach einmonatiger Amtszeit verstarb und dadurch erstmals ein Vizepräsident in das Amt des Präsidenten aufrückte, der zwar seine Auffassung von der vollen Gleichrangigkeit mit gewählten Präsidenten durchsetzte, sich aber schließlich mit allen Parteien überwarf, waren die Blicke des Landes zunehmend auf den Westen gerichtet. Nicht nur war die „Oregon-Frage" ungeklärt, d. h. die Zugehörigkeit jenes Gebietes zwischen Rocky Mountains und Pazifik nördlich des 42. Breitengrades, sondern auch das Problem Texas. Als eine seiner letzten Amtshandlungen berief Tyler in dieser Situation den Kongreß zu einer Sondersitzung ein, auf der am 1. März 1845 in einer gemeinsamen Resolution die Annexion von Texas beschlossen wurde. Tyler sah sich durch die Gefahr einer britischen Einmischung in Texas wie aufgrund der Wahl des Expansionisten und Anhängers Jacksons, James K. Polk, zum neuen Präsidenten legitimiert. Den mexikanischen Drohgebärden für den Fall der Annexion schenkte er keine größere Beachtung.

Auch in den folgenden Monaten steuerten die Vereinigten Staaten einen unverhohlen expansionistischen Kurs, ideologisch untermauert durch das Schlagwort vom *Manifest destiny*, das seit dem Sommer 1845 die Runde machte und nach dem die Vorsehung den Vereinigten Staaten die Aufgabe übertragen hatte, sich über den ganzen Kontinent „für die freie Entfaltung unserer sich jährlich vermehrenden Millionen" auszudehnen. Der Konflikt mit Mexiko wurde daher bewußt forciert, indem man amerikanische Truppen bis zum Rio Grande und damit in von Mexiko beanspruchtes Gebiet vorrücken ließ, um Polk den Anlaß zu liefern, Mexiko durch einen nahezu einmütigen Kongreßbeschluß am 13. Mai 1846 den Krieg erklären zu lassen. Als sich fast zur gleichen Zeit herausstellte, daß Großbritannien nicht bereit war, Mexiko zu unterstützen, sondern den Oregon-Streit mit der Kompromißlinie des 49. Breitengrades als Grenze zwischen Kanada und den Vereinigten Staaten von den Rocky Mountains bis zum Pazifik beizulegen, war nicht nur eine erste konkrete Ausdehnung des amerikanischen Staatsgebiets bis zum Pazifik erreicht, sondern auch eine wesentliche Vorentscheidung im Krieg mit Mexiko gefallen. Tatsächlich hatte das Land der amerikanischen Land- und Seemacht wenig entgegenzusetzen; es mußte sowohl die Eroberung Kaliforniens als auch den Einmarsch amerikanischer Truppen in die eigene Hauptstadt hinnehmen. In dem am 2. Februar 1848 geschlossenen Friedensvertrag erkannte Mexiko den Rio Grande als texanische Südgrenze an und mußte alle Territorien nördlich des Gila-Flusses und von Unter-Kalifornien an die Vereinigten Staaten abtreten, wofür diese eine Entschädigungszahlung von 15 Millionen Dollar leisteten. Damit hatten die Vereinigten Staaten – keine sechzig Jahre nach Inkrafttreten der Union und zu Beginn des großen europäischen Revolutionsjahres – ihre territoriale Ausdehnung über den ganzen Kontinent bis zum Pazifik erreicht, die lediglich 1853 durch den sog. „Gadsden-Kauf" noch einmal geringfügig auf ihren seither bestehenden Umfang erweitert wurde, um die geplante Eisenbahnlinie nach Südkalifornien südlich des Gila verlegen zu können.

Krieg und Friedensschluß hatten nicht nur Freunde im eigenen Land gefunden. Vielen ging der territoriale Gewinn nicht weit genug, und etliche im Süden hätten am liebsten gleich das gesamte Mexiko annektiert. Denn obwohl sich das amerikanische Staatsgebiet seit 1845 nahezu verdoppelt hatte, war für den Süden und damit für potentielle neue Sklavenstaaten außer Texas praktisch nichts abgefallen, zumal in einem Zusatz zu den Kriegsbewilligungen das Repräsentantenhaus ausdrücklich festgelegt hatte, daß in allen von Mexiko abzutretenden Territorien keine Sklaverei eingeführt werden dürfe. Im Sinne der politischen Geographie war mithin die Situation des Südens äußerst prekär geworden, und sie verschärfte sich noch, als Kalifornien, in das nach den Goldfunden 1848 Tausende von Siedlern und Abenteurern eingeströmt waren, 1850 seine Aufnahme in die Union als freier Staat beantragte. Erstmals hatte der Süden keinen Staat entgegenzusetzen, und daran würde sich auch in Zukunft nichts mehr ändern. So hatte der Süden keine andere Wahl, als dem Kompromiß von 1850 zuzustimmen: Kalifornien wurde als freier Staat aufgenommen, die Sklavenfrage in den verbleibenden ehemals mexikanischen Territorien blieb offen – obwohl alle wußten, daß mit den vorhandenen Mitteln dort kein Baumwollanbau betrieben werden konnte –, der Sklavenhandel in der Bundeshauptstadt Washington wurde verboten und ein verschärftes Gesetz zur Rückführung entlaufener Sklaven eingeführt.

Noch einmal hatten sich die Gemäßigten durchgesetzt und die Union gerettet. Doch fortan war der Süden eine Minderheitssektion, womit sich die Positionen auf beiden Seiten weiter radikalisierten. Wesentlich dazu beigetragen hat das berüchtigte Kansas-Nebraska-Gesetz von 1854, das unter dem Schlagwort der „Volkssouveränität" – nach dem die Bevölkerung der zukünftigen Staaten im Nordwesten selbst entscheiden sollte, ob sie Sklaverei zulassen würde – von dem demokratischen Senator aus Illinois, Stephen A. Douglas, der damit die Unterstützung des Südens für seine Präsidentschaftsambitionen erlangen wollte, durch den Kongreß gepeitscht wurde. Damit wurde nicht nur der Missouri-Kompromiß von 1820 aufgehoben, sondern auch für viele im Norden eine gewaltige Verschwörung offenbar mit dem Ziel, die Sklaverei auf die gesamten Vereinigten Staaten auszudehnen.

Die Folgen waren fatal. Das amerikanische Parteiensystem, jene letzte sektionenübergreifende Institution im politischen Entscheidungsprozeß, zerbrach. Die *Whigs* desintegrierten vollends, und die Demokratische Partei spaltete sich innerlich. Viele Sklavereigegner beider und weiterer kleinerer Parteien suchten eine neue politische Heimat in der im Juli 1854 in Michigan gegründeten Republikanischen Partei, der heutigen *Grand Old Party*, die jedoch als Antisklavereipartei eine rein sektionale Basis ohne Unterstützung im Süden hatte.

Der Riß, der durch die Parteienlandschaft ging, prägte das Land und führte 1856 zum blutigen Zusammenstoß zwischen Anhängern und Gegnern der Sklaverei in Kansas. Wie weit der Süden unter dem Einfluß der Sklaverei bereits moralisch degeneriert war, wurde für den Norden offenkundig, als ein Südstaatenabgeordneter während der Kansas-Debatte des Kongresses sich dazu hatte hinreißen lassen, einen Senator aus Massachusetts niederzuschlagen – für den Süden eine zivilisatorische Heldentat gemäß den Geboten des Ehrenkodex. Der Kulturkonflikt konnte kaum offensichtlicher sein, auch wenn ihn das Wahlergebnis von 1856 noch einmal notdürftig verdeckte. Der Demokrat James Buchanan aus Pennsylvania hatte vierzehn Sklaven- und fünf freie Staaten hinter sich gebracht, während es die Republikaner und eine dritte Partei auf elf freie bzw. einen Sklavenstaat brachten. Der sektionale Konflikt begann auf die Präsidentenwahlen durchzuschlagen.

Doch die eigentliche Sturmglocke erscholl 1857, als einerseits der *Supreme Court* seine Entscheidung im Dred-Scott-Fall verkündete, in dem es darum ging, ob ein Sklave durch den Aufenthalt in einem freien Staat oder Territorium seine Freiheit erlangt hätte. Namens der Mehrheit des Gerichts verkündete der Oberste Richter Taney, selbst Sklavenhalter aus Maryland, daß Neger keine Bürger der Vereinigten Staaten seien und folglich kein Klagerecht hätten. Sklaven seien Eigentum, das dem besonderen Schutz der Verfassung unterliege, so daß alle Gesetze, die den Bürger um sein verbrieftes Eigentumsrecht brächten, null und nichtig seien. Das gelte für den Missouri-Kompromiß und implizit ebenso für den Kompromiß von 1850 und das Kansas-Nebraska-Gesetz von 1854; denn selbst eine Berufung auf die Volkssouveränität könne den übergeordneten Schutz des Eigentums nicht außer Kraft setzen. Damit hatte Taney den Verfassungskonsens im Sinne der Sklavenhalter pervertiert. Politisch noch folgenreicher war jedoch andererseits der rücksichtslose und von Buchanan unterstützte Versuch des Südens, Kansas gegen den Mehrheitswillen seiner Bevölkerung als Sklavenstaat in die Union aufzunehmen. Nicht nur scheiterte diese Absicht und diskreditierte die Regierung, sie entzog vor allem der Demokratischen Partei ihren politischen Boden im Norden und machte damit den Weg für den Sieg der Republikaner frei.

Der Riß ging durch die gesamte Gesellschaft, die Parteien, die Kirchen, die Wirtschaft und die allgemeinen Wertvorstellungen. Die Ansichten über zivilisiertes Verhalten, politische Kultur und ihre Grundwerte, ja über das, was Recht und Unrecht war, fanden keinen gemeinsamen Nenner mehr. Der Boden für eine gewaltsame Lösung war bereitet, es fehlte lediglich noch der Anlaß. Dieser war noch nicht gegeben, als John Brown, der schon in Kansas gegen die Sklavenhalter gekämpft hatte, am 16. Oktober 1859 mit 21 Männern das Arsenal von Harper's Ferry überfiel, um das Signal für einen allgemeinen Sklavenaufstand im Süden zu geben. Statt dessen wurde Brown rasch von Bundestruppen unter Führung von

Robert E. Lee gefangengenommen, wegen Hochverrats vor Gericht gestellt und wenig später gehängt.

Der tatsächliche Anlaß kam mit der Präsidentenwahl von 1860. Die Republikaner schickten Abraham Lincoln ins Rennen, während die gespaltenen Demokraten zwei Kandidaten aufstellten: Stephen Douglas im Norden und John Breckinridge aus Kentucky im Süden. Als einzige sektionenübergreifende Partei traten die neuen, doch unbedeutenden *Constitutional Unionists* auf, die John Bell aus Tennessee nominierten. Es war eine Wahl zwischen Norden und Süden. Lincoln erhielt alle achtzehn Staaten des Nordens und damit eine deutliche Mehrheit im Wahlmännerkollegium, Douglas allein Missouri und Breckinridge alle Staaten des Südens außer Virginia, Kentucky und Tennessee, die an Bell gingen. Damit hatte eine Antisklavereipartei gewonnen, deren Kandidat Lincoln am 16. Juni 1858 in einer Wahlrede gesagt hatte: „Ein in sich geteiltes Haus kann keinen Bestand haben. Ich glaube, daß dieser Staat nicht zur Hälfte aus Sklaven und zur Hälfte aus Freien bestehen kann. Ich erwarte nicht, daß die Union aufgelöst wird; ich erwarte nicht, daß das Haus zusammenbricht; aber ich erwarte, daß es aufhören wird, geteilt zu sein. Es wird in Gänze entweder das eine oder das andere werden." Das Tischtuch war zerschnitten, und nun hieß es: entweder Ende der Union oder Ende der Sklaverei.

V. Bürgerkrieg und Wiederaufbau (1860–1877)

Der Wahlsieg Lincolns hatte offenkundig gemacht, wie sehr die Machtposition des Südens innerhalb der Union im Laufe der letzten zehn Jahre erodiert war. Wenn der Süden seine Eigenständigkeit weiterhin bewahren wollte, dann mußte er jetzt sezedieren. Seine Reaktion ließ daher nicht lange auf sich warten. Am 20. Dezember 1860 erklärte South Carolina seinen Austritt aus der Union, und – anders als bei der *Nullification Crisis* – bis zum 1. Februar 1861, also noch vor Lincolns Amtsantritt am 4. März, waren alle sechs übrigen Staaten des Unteren Südens diesem Beispiel gefolgt. Wenige Tage später wählten sie Jefferson Davis aus Mississippi zum provisorischen Präsidenten der Konföderierten Staaten von Amerika. Alle Bemühungen um Ausgleich verhallten ungehört, und selbst Lincolns versöhnliche Antrittsrede, die zwar kategorisch das Recht auf Sezession verneinte, sich aber aller Drohungen enthielt, zeigte keine Wirkung. Um so vordringlicher wurde die Suche nach einem Ausweg aus der Pattsituation. Lincoln beschloß, das im Hafen von Charleston, South Carolina, gelegene Fort Sumter mit seiner kleinen Bundesbesatzung als Testfall zu nehmen. Würde South Carolina Proviantnachschub durch die Bundesmarine erlauben, könnte dies ein Indiz des Einlenkens sein; würde es hingegen diesen gewaltsam zu verhindern suchen und das Fort angreifen, läge ein bewaffneter Aufstand gegen die legale Regierung des Landes vor. Am 12. April 1861 eröffnete South Carolina das Feuer auf Fort Sumter. Der Bürgerkrieg hatte begonnen.

Lincoln rief 75 000 Freiwillige auf die Dauer von drei Monaten zu den Waffen und verhängte eine Seeblockade über die Häfen des Südens. Die Reaktion aus dem Süden erfolgte umgehend. Bis zum 20. Mai hatten sich auch die vier Staaten des Oberen Südens, Virginia, Arkansas, Tennessee und North Carolina, der Konföderation angeschlossen. Doch vier weitere Südstaaten waren bei der Union verblieben: Delaware, Maryland, Kentucky, Missouri und die nordwestlichen *Counties*

54

von Virginia, die seit 1863 als eigener Staat West Virginia Teil der Union sind. In diesen unter nachhaltigem Druck der Union stehenden Grenzstaaten *(Border States)* war der Anteil der Sklaven an der Gesamtbevölkerung zwischen 1830 und 1860 durch Verkäufe in den Süden kontinuierlich zurückgegangen, so daß hier ungeachtet verbreiteter Sympathien für den Süden bereits eine Öffnung zur kapitalistisch-individualistischen Marktwirtschaft des Nordens stattgefunden hatte.

Wie es zunächst schien, war es ein Krieg der Ungleichgewichte. Der Süden brauchte seine Position nur lange genug zu halten, bis der Norden kriegsmüde wurde, wohingegen der Norden zur Bewahrung der Union den Süden erobern mußte. Doch statt dem allgemein erwarteten kurzen Feldzug wurde es der blutigste Krieg, den die Vereinigten Staaten je geführt haben, mit mehr als einer Million Toten und Verwundeten, so viele Opfer wie das Land in allen seinen anderen Kriegen zusammen zu beklagen hatte. Mehrere Gründe waren dafür verantwortlich: 1. Der Bürgerkrieg war weltweit der erste moderne Krieg mit einem hohen Materialeinsatz, hoher Mobilität (Eisenbahn) und neuartiger Waffentechnik (vor allem das Repetiergewehr – die berühmte *Winchester rifle* – mit seiner deutlich gesteigerten Feuergeschwindigkeit und Zielgenauigkeit). 2. Beiden Seiten gelang die Mobilisierung großer Heere. 3. Lange Zeit lag im Norden die militärische Führung in den Händen unfähiger Generale, während der Süden unter Führung von Robert E. Lee seine Angriffsstrategie zwar mit großem und meist dem Norden überlegenem taktischen Geschick durchführte, diese jedoch den politisch-militärischen Zielen des Südens nicht angemessen war.

Daß dieser Krieg kein Spaziergang werden würde, machte schon die erste Schlacht von Bull Run (21. Juli 1861) deutlich, als der Vorstoß des Nordens nach Virginia scheiterte. Darauf verlagerte der Norden 1862/63 den strategischen Schwerpunkt des Krieges nach Tennessee, um von hier aus die Konföderation zu parzellieren und schließlich vernichtend zu schlagen. Zunächst sollte ein militärischer Vorstoß den Mississippi abwärts erfolgen, um die Trans-Mississippi-Region

55

vom übrigen Süden abzuspalten. Darauf sollte vom Osten Tennessees aus ein Feldzug in das Herz der Konföderation führen, um damit den Krieg zu entscheiden.

Zur Durchkreuzung dieser Absichten versuchte der Süden, den Krieg in den Norden zu tragen. Als kriegsentscheidend sollte sich dabei das Jahr 1863 erweisen. Obwohl Lee bislang als überragender Feldherr keine wesentliche Schlacht verloren hatte – selbst Antietam (17. September 1862), der blutigste Tag des ganzen Krieges, war keineswegs ein Sieg des Nordens gewesen –, scheiterte er im entscheidenden Moment. Am 1. Juli 1863 überschritt er die Grenze nach Pennsylvania und traf bei Gettysburg auf erheblich stärkere Einheiten des Nordens. Nach drei Tagen hatte er 28 000 Mann verloren (ein Drittel seiner Soldaten) und mußte geschlagen den Rückzug nach Virginia antreten. Damit war mehr als nur der Plan, den Krieg in den Norden zu tragen, gescheitert. Es war offenbar geworden, daß der Süden den Krieg niemals gewinnen konnte.

Am gleichen Tag, an dem Lee seine Niederlage eingestehen mußte, demonstrierte der Norden nicht nur seine ausschlaggebende Überlegenheit an Menschen und Material; er zeigte auch, daß er schließlich über einen Feldherrn verfügte, der es mit Lee aufnehmen konnte: Ulysses S. Grant, der am 4. Juli das strategisch entscheidende Vicksburg einnahm, mit dem der Mississippi in die Hand des Nordens geriet und das erste strategische Kriegsziel der Union erreicht war. Nun konnte die Konzentration auf den Osten Tennessees mit der Einnahme Chattanoogas erfolgen, von wo aus 1864 William Tecumseh Sherman mit 100 000 Mann nach Atlanta zog, das am 2. September 1864 in die Hände des Nordens fiel. Statt die Südstaatentruppen zu verfolgen, beschloß Sherman, eine etwa 200 Meilen breite Schneise der Verwüstung durch Georgia zur Küste zu ziehen, um den Süden vollends zu demoralisieren und jeden militärischen Nachschub aus dem Unteren in den allein noch entscheidenden Oberen Süden zu unterbinden. Von Savannah ging der Zug im Februar 1865 nordwärts, und Mitte März stand Sherman in North Carolina in Reichweite, um sich mit Grants Armee in Virginia zu verbinden. Lee versuchte verzweifelt, das Blatt noch einmal zu wenden. Doch sein Ausbruchversuch mißlang; am 9. April 1865 mußte er bei Appomattox Court House in Virginia kapitulieren. Fast auf den Tag genau vier Jahre nach den ersten Schüssen bei Fort Sumter war der Bürgerkrieg zu Ende.

Warum hatte der Süden verloren? Sicherlich war die erdrückende Überlegenheit des Nordens an Menschen und Material ein entscheidender Faktor. Die Mobilisierung kriegswichtiger Ressourcen gelang im Süden – ohne städtische und industrielle Infrastrukturen – letztlich nicht im erforderlichen Maße. Noch verhängnisvoller war, daß die Mobilisierung seiner Menschenreserven gescheitert war. Im Süden lebten über vier Millionen Sklaven, doch man war nicht bereit, diese zu befreien und zu bewaffnen, um sie zur Verteidigung einzusetzen. Vielmehr fand man den Gedanken keineswegs absurd, sie als Sklaven an der Seite ihrer weißen Herren ihre eigene Unfreiheit verteidigen zu lassen.

Die militärische Niederlage wurde zum moralischen Trauma, in dem eine Welt zusammenstürzte, die man stets für die reale Welt gehalten hatte, weil man sie sich anders nicht vorstellen konnte und wollte, aber auch, weil der bestehende Konformitätsdruck im Innern, unter dem Eindruck des immer sinnloser werdenden Kriegs, an Wirkung verlor und nunmehr Friktionen aufbrechen ließ, die man zuvor nie hatte wahrnehmen wollen. Der Süden hatte den Krieg durch Papiergeld, das zu immenser Inflation geführt hatte, und durch Steuern finanziert. Beides hatte die ärmeren Weißen besonders hart getroffen, die durch die Zwangsrekrutierung oft ihr einziges Pferd, ihre einzige männliche Arbeitskraft u. a. verloren hatten. Kein Wunder, daß es bei ihnen schon bald hieß, dies sei ein Krieg der reichen Leute. Wachsende Disloyalität war die Folge. Als sich schließlich die Versorgungslage zumal der ärmeren Landbevölkerung dramatisch verschlechterte, häuften sich Desertionen derart, daß sich Ende 1864 bereits die Hälfte aller Soldaten unerlaubt von der Armee entfernt hatte. Im Frühjahr 1865 war die Lage katastrophal: Der Süden war von seinen Widersprüchen eingeholt worden.

Ein weiterer Grund für die Niederlage war das Unvermögen, ausländische Unterstützung für seine Sache zu mobilisieren. Die Blockade des Nordens schirmte die Südstaaten-Häfen ab, und als ab 1863 erkennbar wurde, daß der Süden den Krieg nicht würde gewinnen können, war jede Hoffnung auf internationale Anerkennung dahin. Die Gründe lagen aber nicht nur im Süden, sondern ganz wesentlich bei Lincoln. Zwar hatte er in den ersten Jahren Probleme mit seinen Generalen, doch politisch hatte er den Krieg mit unbeugsamer Entschlossenheit, interner Kompromißlosigkeit und mit Weitblick geführt. So hatte Lincoln angesichts seines primären Kriegsziels, des Erhalts der Union, in der Sklavenfrage große Zurückhaltung bewahrt, um die *Border States* nicht in das Lager des Südens zu treiben, zumal er im ersten Halbjahr 1862 erkennen mußte, daß dort ein Plan zur Sklavenemanzipation gegen Entschädigungszahlungen keine Resonanz fand. Am 22. September 1862 veröffentlichte Lincoln darauf eine vorläufige Emanzipationserklärung, aus der die am 1. Januar 1863 verkündete *Emancipation Proclamation* wurde. Trotz ihrer zunächst eher begrenzten praktischen Wirkung waren damit Sklavenbefreiung und politisch-soziale Neugestaltung des Südens zu Kriegszielen geworden. Lincoln sprach sie mit allgemeineren, aber um so eingängigeren Worten in seiner zweiten bedeutenden Erklärung während des Krieges, der *Gettysburg Address* vom 10. November 1863, mit der Verpflichtung aus, „daß die Regierung des Volkes, durch das Volk und für das Volk nicht von der Erde verschwinden werde". Beide Erklärungen mochten nicht zuletzt Europa signalisieren, daß der Norden für allgemeingültige moralische Werte kämpfe.

Der Bürgerkrieg beendete zwar die Sklaverei in den Vereinigten Staaten, änderte aber nichts an dem Verhältnis der Rassen zueinander. Hingegen ist die Rolle der Staaten in der Union neu geordnet worden, zumal die seit den Tagen der Kentucky-und-Virginia-Resolutionen in den Südstaaten virulente Staatsrechtsdoktrin nun offiziell begraben war. Die Suprematie des Bundes war fortan unbestritten. Schließlich war die politische Landschaft aufgrund eines neuen Zweiparteiensystems neu geordnet, wobei die „Demokraten" eindeutig die Partei des Südens und damit die der Minderheit waren, bis sie Franklin D. Roosevelt 68 Jahre nach Ende des Bürgerkriegs zur neuen Mehrheitspartei machte. Letztlich hat der Bürgerkrieg wesentlich zur Belebung der Wirtschaft und zur Freisetzung einer neuen ökonomischen Dynamik beigetragen, die sich unmittelbar nach dem Krieg in einem rasanten Anstieg der Industrieproduktion niederschlug, ohne daß man ihn deswegen als eine zweite amerikanische Revolution bezeichnen kann. Denn vieles im Bereich der Hochindustrialisierung, des transkontinentalen Eisenbahnbaues u. a. war bereits vor dem Krieg angelegt, und jene einschneidenden Veränderungen in der Zukunft vollzogen sich dort, wo sie auch ohne den Bürgerkrieg vor sich gegangen wären, nämlich im Norden.

Mit dem Ende des Bürgerkriegs setzte jene Ära ein, die man als das Zeitalter der „Wiedererrichtung" (Reconstruction) bezeichnet. Damit war mehr gemeint als allein ökonomisch der Wiederaufbau der zerstörten Städte und Eisenbahnlinien im Süden. Entscheidender war die soziale Komponente, die, über die zukünftige Sozialordnung des Südens hinausgehend, auf die Frage der Rolle der Schwarzen im amerikanischen Leben zielte. Beides aber bedeutete, daß nicht die ganze Nation in gemeinsamer Anstrengung wiedererrichtet werden mußte, sondern lediglich der Süden nach Vorgaben des Nordens. Insofern unterschied sich dieser Krieg von anderen Bürgerkriegen des 19. und 20. Jahrhunderts; hingegen kam es, ähnlich wie in der Schweiz 1847, zu keinen Gebietsveränderungen. Kein Territorium wurde annektiert; alle Staaten blieben – vom Sonderfall Virginia abgesehen – in ihren Vorkriegsgrenzen unangetastet.

Zwar waren die Schwarzen mit dem 13. Zusatzartikel zur Verfassung 1865 aus dem Sklavenstatus befreit, blieben aber nach allgemeinem Verständnis der Weißen im Norden wie im Süden Angehörige einer untergeordneten Rasse und bestenfalls Bürger zweiter Klasse, denen kein gleichberechtigter Teil am politischen und sozialen Leben der Nation zukam. Damit war nicht nur das weitere Zusammenleben der Rassen in den

Vereinigten Staaten vorgezeichnet; es war auch der Stab über die Politik der *Reconstruction* gebrochen, noch ehe sie überhaupt abgeschlossen war.

Das jeweilige Verhältnis der Rassen zueinander hat daher stets die historische Bewertung der *Reconstruction* bestimmt, so daß heute die Politik des Nordens als zu zaghaft und zu sehr von den eigenen, meist materiellen Interessen geprägt, zu opportunistisch und wirtschaftshörig erscheint.

Um was ging es konkret? Wie konnte das Land nach dem Krieg wieder geeint werden? Welchen Status hatten die sezedierten Staaten? War die Sezession lediglich ein illegaler Schritt gewesen, und waren sie rechtstheoretisch stets Teil der Union geblieben – eine Theorie, zu der der Präsident neigte? Oder hatten sie durch die Sezession ihren Platz in der Union verwirkt und waren nun eroberte Provinzen, die neu geordnet werden mußten – eine Auffassung, die von der Mehrheit des Kongresses geteilt wurde? Welche Theorie sollte der Politik verbindlich zugrunde liegen, und wer war mithin prinzipiell handlungsbefugt?

Im Dezember 1863 hatte Lincoln die *Proclamation of Amnesty and Reconstruction* verkündet, die allen Südstaatlern Pardon gewährte, die den Eid auf die Verfassung der USA leisteten und die Sklavenemanzipation als verbindlich anerkannten. Hatten mindestens 10% der wahlberechtigten Bevölkerung eines besetzten Staates dies getan, konnten sie eine neue Regierung einsetzen und damit wieder in die Union zurückkehren. Noch 1864 bildeten Lousiana und Arkansas auf dieser Grundlage neue Regierungen. Der Kongreß weigerte sich jedoch, dieser Politik zu folgen, und warf Lincoln vor, seine Kompetenzen überschritten und die Rechte der Schwarzen unberücksichtigt sowie nicht auf ihrem Wahlrecht bestanden zu haben.

Die Lösung der politischen Pattsituation fiel Andrew Johnson zu, der nach der Ermordung Lincolns am 14. April 1865 über Nacht Präsident geworden war und nun Lincolns Versöhnungspolitik fortzusetzen suchte. Johnson überwarf sich aber darüber mit dem Kongreß und seiner eigenen Republikanischen Partei und führte das politische System des Landes im Blick auf die Beziehungen zwischen Exekutive und Legislative in seine bislang schwerste Krise.

Zunächst hatten radikale Republikaner Johnson als Exponenten jener Südstaatenpolitiker im Amt des Präsidenten begrüßt, die schon vor dem Krieg die alte Elite und ihre sezessionistische Politik bekämpft hatten. Doch die von Johnson Ende Mai 1865 eingeleitete Versöhnungspolitik stieß auf immer heftigere Ablehnung, vor allem weil sie untätig blieb gegenüber den in den Südstaaten rasch in Kraft gesetzten sog. *Black Codes*, die die ehemaligen Sklaven besonderen Regelungen und Restriktionen unterwarfen und ihnen Rechte vorenthielten, die für Weiße selbstverständlich waren. Darunter fielen die Verweigerung der freien Wahl des Arbeitsplatzes, Zwangsarbeit, spezielle Strafgesetze, Verbot der Aussage vor Gericht u. a. Für viele im Norden wurden damit die alten Sklavenbestimmungen unter neuem Namen fortgeführt. Als dann noch im Herbst 1865 einige dieser Staaten prominente Vertreter der alten Konföderation in Staats- und Bundesämter wählten, war für die Mehrheit der Republikaner das Maß voll. Der Kongreß verweigerte den südstaatlichen Vertretern das Sitzrecht und berief ein Komitee ein, um neue Bedingungen zur Wiederzulassung der Südstaaten festzusetzen.

Letztlich ging es um die Frage nach den Resultaten des Bürgerkriegs. Johnson wollte die Vorkriegszustände so rasch wie möglich wieder herstellen – mit Ausnahme von Sklaverei und Sezession. Die Mehrheit des Kongresses hielt es für unerläßlich, einige Minimalgarantien aufzustellen, um zu verhindern, daß die alte Südstaatenelite erneut die Schwarzen unterjochte. Dies erforderte eine Stärkung der Bundesgewalt, um den Schwarzen einen Mindestschutz ihrer Bürgerrechte zu sichern. Zumal die Rassenunruhen des Winters 1865/66, deren Opfer praktisch immer Schwarze oder Weiße waren, die sich mit ihnen solidarisierten, hatten deutlich gemacht, was drohte, wenn der Bund hier keine Verantwortung übernahm.

Zwei Gesetze sollten diesem Zweck dienen; zum einen die Fortführung der noch aus dem Krieg stammenden *Freedmen's*

Bureaus, um den ehemaligen Sklaven Hilfe, Unterstützung und Rechtsschutz – von der Erziehung über Hilfe beim Landkauf bis zur Arbeitssuche – zu gewähren, und zum anderen ein Bürgerrechtsgesetz, um die *Black Codes* zu annullieren und den Schwarzen alle Rechte an Person und Eigentum zu sichern, die auch Weißen zustanden. Johnson versuchte vergeblich, beide Gesetze zu verhindern und vertiefte auf diese Weise den Graben zwischen ihm und dem Kongreß immer mehr. Überdies gab er zu verstehen, er werde sich an die Spitze einer neuen konservativen Partei aus rechten Republikanern und Demokraten setzen, um seine Politik zu erzwingen.

Angesichts dieser Lage beschloß die republikanische Mehrheit den 14. Zusatzartikel zur Verfassung, um die Union verfassungsrechtlich zu stärken und allen Bürgern gleichen Rechtsschutz zu gewähren. Damit wurde erstmals eine amerikanische Staatsbürgerschaft, unabhängig von den Einzelstaaten, und der Grundsatz der *equal protection of the laws* für alle Bürger eingeführt, der das amerikanische Verfassungssystem revolutionieren sollte. Es war klar, daß die Kongreßwahlen im November 1866 zur Abstimmung über den vorgeschlagenen Verfassungszusatz werden würden, zumal der Präsident den Südstaaten seine Ablehnung empfohlen hatte. Dennoch erreichten die Republikaner eine solide Zweidrittelmehrheit im Kongreß, und die Radikalen bestimmten nun den Gang der Politik.

Mit der jetzt einsetzenden radikalen *Reconstruction*-Politik wurde der Süden unter Militärverwaltung gestellt und nach Auflösung der Staatsregierungen in fünf Militärbezirke eingeteilt. Unter militärischer Überwachung wurden neue Verfassungskonvente mit Beteiligung der Schwarzen und unter Ausschluß aller Amtsträger der ehemaligen Konföderation gewählt. Als Voraussetzung für die Wiederaufnahme in die Union mußten die von ihnen entworfenen Verfassungen von der Mehrheit der männlichen Bevölkerung (einschließlich der Schwarzen) ratifiziert und der 14. Zusatzartikel angenommen werden. Doch der Gedanke einer langfristigen Unterstützung der Schwarzen war damit aufgegeben.

Johnson versuchte dagegen auf allen Wegen, seine Politik durchzusetzen oder zumindest die des Kongresses zu hintertreiben. Als er den letzten Radikalen aus der Regierung entlassen wollte, beschloß das Repräsentantenhaus am 24. Februar 1868 mit überwältigender Mehrheit, erstmals einen Präsidenten vor dem Senat wegen Amtsverfehlung anzuklagen. Um eine Stimme wurde die zur Amtsenthebung erforderliche Zweidrittelmehrheit verfehlt, nicht weil Johnson schließlich doch Zustimmung gefunden hätte, sondern aus der Überzeugung, daß die Amtsenthebung eines Präsidenten aus politischen Gründen die Verfassungsbalance zwischen Exekutive und Legislative zerstören und das Präsidentenamt zum Spielball der politischen Mehrheit in der Legislative machen könnte. Doch trotz dieser Niederlage hatten die Radikalen erreicht, daß Johnson ihre Politik nicht mehr durchkreuzen und unter seinem Nachfolger Ulysses S. Grant ihr Einfluß auf die Politik gewahrt bleiben würde.

Dessen Politik war sicher nicht korrupter und unfähiger als jede andere der Zeit. Viel eher wird man den Radikalen vorhalten müssen, daß sie nicht radikal genug waren. Die soziale Neuordnung des Südens blieb aus. Das Versprechen von „Vierzig Morgen und einen Esel" für die befreiten Schwarzen wurde nirgendwo eingelöst, und ebensowenig wie der Rebellenbesitz wurde die Staatsdomäne unter den Schwarzen und armen Weißen aufgeteilt. Die Neugestaltung der Wirtschaft des Südens wurde nicht erreicht, und die aus dem Norden eingeströmten, mitunter höchst dubiosen Weißen (*Carpetbeggars*) und die teilweise ähnlich fragwürdigen Weißen im Süden, die hier mitzuwirken suchten (*Scalawags*), waren in der Regel dazu auch nicht in der Lage. Hinzu kam, daß die Bundeskräfte nicht ausreichten, um gegenüber den alten Südstaateneliten und der offenen weißen Gewalt bestehen zu können. Als Folge brachen die radikalen republikanischen Regierungen in den Südstaaten nach deren Wiederaufnahme in die Union meist rasch zusammen.

Zumindest indirekt hatte dazu der unbeliebte und politisch unfähige Grant beigetragen, der sich insbesondere durch seine

Loyalität gegenüber jenen auszeichnete, die ihn unterstützten. Er unternahm nichts gegen die sich während seiner achtjährigen Amtszeit immer verheerender ausbreitende Korruption, ja er versuchte mitunter sogar, Schuldige vor der gerichtlichen Verfolgung zu schützen.

Die letzte große Maßnahme der Radikalen war der 1869 verabschiedete 15. Zusatzartikel zur Verfassung, der den Schwarzen, nicht jedoch den Frauen, das Wahlrecht verbriefte. Danach erlahmte im Norden zusehends das Engagement für die Schwarzen im Süden – auch wenn der Kongreß 1875 ein Bürgerrechtsgesetz verabschiedete, das der *Supreme Court* jedoch bereits 1883 wegen Kompetenzüberschreitung des Bundes wieder aufhob –, zumal inzwischen viele einstige Radikale aus einer Politik ausgeschieden waren, die durch viele unrühmliche Vorkommnisse diskreditiert war und in der Öffentlichkeit zunehmend an Glaubwürdigkeit verloren hatte. Um so mehr Gehör konnten die Konservativen im Süden mit ihrer Forderung nach Beendigung der Militärverwaltung und der Rückkehr zur Selbstverwaltung finden. Die Interessen von Schwarzen und armen Weißen wurden zunehmend den Kapitalisten im Norden und der konservativen alten Elite im Süden geopfert.

Formal kam das Ende der *Reconstruction* mit der Präsidentenwahl von 1876. Die Republikaner nominierten den Gouverneur von Ohio, Rutherford B. Hayes, der von Skandalen der Grant-Zeit unberührt geblieben war. Für die Demokraten trat Samuel J. Tilden, der Reform-Gouverneur von New York, an. Tilden gewann die Volkswahl und schien auch im Wahlmännerkollegium die Mehrheit zu erreichen. Doch die war fraglich geworden, als man die Ergebnisse in South Carolina, Florida und Louisiana anfocht, den letzten Südstaaten, die noch von den Republikanern kontrolliert wurden. In der sich anschließenden Krise verständigten sich schließlich die Republikaner mit den konservativen Demokraten des Südens: Hayes wurde gewählt, und im Gegenzug zogen die Republikaner die letzten Truppen aus dem Süden ab, der damit auf Kosten der Schwarzen und armen Weißen sich selbst überlassen blieb.

VI. Der Aufstieg zur Weltmacht (1877–1898)

Angesichts der durch die Wirtschaftskrise von 1873 kaum unterbrochenen Dynamik hatte sich 1877 der Norden, der ungeachtet der Sklavenbefreiung in seinen persönlichen Einstellungen stets rassistischer als der Süden gewesen war und schon lange vor dem Bürgerkrieg eine rigorose Rassentrennung praktiziert hatte, längst neuen Aufgaben und Problemen zugewandt. Wenn also der praktische Umgang des Nordens mit den Schwarzen nun auch im Süden Einzug hielt und durch Urteile des *Supreme Court* bestätigt wurde – der schließlich 1896 im Fall Plessy gegen Ferguson die Segregation zum Verfassungsgrundsatz erhob *(separate but equal)* –, konnte man vom Norden am wenigsten Proteste dagegen erwarten. Als Folge gab es im Süden immer mehr sog. *Jim Crow Laws* zur Trennung der Rassen und Benachteiligung der Schwarzen – bis hin zum systematischen Entzug ihres Wahlrechts auf dem Höhepunkt des amerikanischen Imperialismus, als das Verhältnis zwischen den Rassen trotz aller Versuche der Schwarzen und ihrer Führer, dagegen anzukämpfen, das tiefste Niveau seit der Sklavenbefreiung erreicht hatte.

Gleiches galt für das Verhältnis zur indianischen Urbevölkerung, obwohl die Politik des weißen Amerika ihr gegenüber seit Anbeginn von dem Prinzip der Ausgrenzung geprägt war, die den Indianern jeweils neu definierte Siedlungsräume zuwies, in denen sie, von Weißen unbehelligt, leben sollten. Das hatte angesichts des Vordringens der Weißen nach Westen nie lange Bestand, zumal Goldsucher, Abenteurer und Siedler auf indianische Rechte oder Kultur keine Rücksicht nahmen. So mündeten die Auseinandersetzungen nach dem Ende des Bürgerkriegs in regelrechte Indianerkriege, die mit Unterbrechungen und trotz wiederholter Friedensbemühungen beider Seiten die Jahre von 1865 bis 1878 kennzeichneten. Sie endeten mit der Zusammenpferchung der überlebenden Indianer in unzureichenden und abgelegenen Reservaten und, Anfang der achtziger Jahre, mit der nahezu vollständigen Ausrottung der Büffel.

Was danach von indianischem Leben und seiner einst reichen Kultur übrigblieb, war Verelendung und Trostlosigkeit – und von Weißen kommerzialisierte Folklore. Um 1900 lebten noch rund 200 000 Indianer in den Vereinigten Staaten, zumeist in Reservaten. Das bedeutete im allgemeinen Armut und Abhängigkeit von staatlicher Unterstützung. Alkoholismus und Arbeitslosigkeit wurden zu wachsenden Problemen.

Der Untergang des traditionellen indianischen Lebens und der indianischen Kultur hing ursächlich mit der Besiedlung des Westens durch die Weißen zusammen. Dabei war dieser Westen nicht, wie früher oft behauptet wurde, jenes Sicherheitsventil für soziale und ökonomische Spannungen im Osten, das Auffangbecken für die Armen, die Arbeits- und Erfolglosen, sondern jenes Land, das vor allem energisch Zupackende in guten Zeiten mit steigenden Preisen und wachsender Nachfrage in der Erwartung anzog, hier rasch Geld zu verdienen. Wesentlich zur Besiedlung des Westens hatte das *Homestead Act* von 1862 beigetragen, das jedem 160 *acres* Land gab, der 10 Dollar Gebühr bezahlte und versprach, auf dem Land zu leben und es für mindestens fünf Jahre zu bearbeiten. Nahezu 600 000 Familien (ca. 2,5 Millionen Menschen) haben bis zur Jahrhundertwende davon Gebrauch gemacht und mehr noch als die Goldgräber und die Rancher mit ihren Millionen Rindern, die die Schlachthäuser Chicagos füllten, dazu beigetragen, daß zu diesem Zeitpunkt alle Territorien im Westen, mit Ausnahme von Oklahoma, Arizona und New Mexico, als Staaten in die Union aufgenommen worden waren. Diese gewaltige Wanderungsbewegung hatte nicht nur die amerikanische Landwirtschaft durch Mechanisierung, dramatischen Produktionsanstieg und riesenhafte Ausdehnung der kultivierten Fläche mit einem Millionenheer von Farmern, die vom rauhen Klima, den Krediten der Hypothekenbanken und den Weltmarktpreisen für Getreide abhängig waren, von Grund auf verändert, sondern auch das Land selbst. Bei der Volkszählung im Jahre 1890 wurde festgestellt, daß nunmehr der amerikanische Kontinent vollständig besiedelt sei. Die 300 Jahre alte und stets weiter wandernde Grenze zwischen besiedeltem und unbesiedeltem, sog. freien Land, jene *Frontier*, die in der allgemeinen Vorstellungswelt bis heute einen so prägenden Einfluß auf das amerikanische Leben und den Gedanken seiner ständigen Erneuerung und Herausforderung ausübt, habe zu existieren aufgehört.

Zur rasanten Besiedlung des Westens und seiner landwirtschaftlichen Ausbeutung hatte der Bau der transkontinentalen Eisenbahnen erheblich beigetragen. Nach dem Bürgerkrieg waren die ersten großen Eisenbahngesellschaften gegründet worden. Die sogenannte Transportrevolution vor dem Bürgerkrieg hatte der amerikanischen Schwerindustrie entscheidenden Auftrieb gegeben. Sie verband die industriellen und agrarischen Produktionsstätten mit den Märkten und Zentren des Verbrauchs und trug damit zur Konsolidierung von Unternehmen, zur Ankurbelung der Kohleförderung, der Eisen- und Stahlerzeugung, der Spezialisierung und Industrialisierung der Landwirtschaft und zur beschleunigten Entwicklung und Besiedlung des Westens bei. Da die Eisenbahnen – die ersten großen Gesellschaften wurden nach dem Bürgerkrieg gegründet – als wesentlich für die wirtschaftliche Entwicklung angesehen wurden, erhielten sie großzügige Unterstützung durch die Regierungen und die Öffentlichkeit, vor allem durch zinslose Darlehen und Landschenkungen. Bis 1880 wurden allein über 4,5 Milliarden Dollar in den Eisenbahnbau investiert, von denen der Staat rund 600 Millionen Dollar bereitgestellt hatte, die Hälfte davon durch die Einzelstaaten. Landschenkungen von nahezu 200 Millionen *acres* (immerhin einer Fläche, die in etwa der Größe von Belgien, Großbritannien und Spanien zusammen entspricht), fast 90% davon westlich des Mississippi, hatten den Bau wesentlich erleichtert. Als Gegenleistung mußten die Bahnen Regierungsfracht, Truppen und Post zu besonderen Tarifen befördern. 1865 hatte das Schienennetz 35 000 Meilen betragen und war bis 1900 auf rund 310 000 km (länger als das gesamte europäische Schienennetz einschließlich Rußland) angewachsen.

Hinzu kamen technologische Entwicklungen und Erfindungen, die Amerika zunehmend zum Vorreiter des technischen

Fortschritts machten. Der Zwang, große Entfernungen rasch zu überwinden und schneller als die Konkurrenz zu sein, hat auf dem Feld der Kommunikation zu entscheidenden Neuerungen geführt, von der Schreibmaschine über das Telefon, die Registrierkasse, die Setzmaschine bis zur Rechenmaschine u. a. Der Erfinder wurde zum Held des Tages, und in der paradigmatischen Verkörperung durch Thomas Alva Edison war er nicht der verschrobene, weltfremde Gelehrte, sondern der praktische Verbesserer des täglichen Lebens, die Inkarnation des Fortschritts, ja der *American ingenuity*.

Dieser amerikanische Genius verkörperte den Glauben an den grenzenlosen Fortschritt, der die nationale Katastrophe des Bürgerkriegs allmählich verdrängte. Das „Goldene Zeitalter", dessen natürliche Ressourcen unerschöpflich schienen, beflügelte Banken und Börse ebenso wie die Entstehung immer neuer Großunternehmen. Bereits vor dem Bürgerkrieg hatte die Großproduktion von Massengütern eingesetzt, doch jetzt erreichte sie immer neue Höhen. Rücksichtslose Konkurrenz drückte dabei die Preise, und Wirtschaftskrisen taten das ihre, um kleine und schwache Betriebe aus dem Markt zu werfen. Der Dschungel des freien Unternehmertums förderte nicht nur den Wettbewerb, sondern auch die Monopolisierungstendenzen, die Konsolidierung und den Zusammenschluß zwecks Marktbeherrschung.

Bei den Eisenbahngesellschaften waren diese Tendenzen zuerst sichtbar geworden, vor allem durch einen ruinösen Preiskampf im Bereich der Gütertransporttarife. Es kam zu Kartellen, lockeren Verbindungen zur Preisabsprache und zur Marktkontrolle mit oftmals fragwürdigen Methoden, Korruption u. a., so daß schließlich die Regierung einschreiten und 1872 die Landschenkungspolitik für Eisenbahnen einstellen mußte.

Den ersten Trust bildete 1882 John D. Rockefeller, der, indem er das lockere Kartell der größten amerikanischen Ölraffinerien durch Ausgabe von Anteilscheinen in den Standard Oil Trust umformte, über 90% der Raffineriekapazitäten des Landes kontrollierte. Nach diesem horizontalen Zusammenschluß erfolgte die vertikale Konsolidierung von den Rohölquellen über die Faßproduktion und die Pipelines bis zu Eisenbahnlinien und eigener Tankerflotte, um den ganzen Prozeß von der Förderung bis zum Endverbraucher kontrollieren zu können. Bis zu ihrer Auflösung nach dem *Sherman Anti-Trust Act* 1911 dominierte die Standard Oil die ganze Branche in den USA und in vielen Teilen der Welt.

Es war die Zeit der gewaltigen Industrieimperien eines Carnegie, Morgan, Swift u. v. a., aber auch die des grenzenlosen Konsums, der großen Kauf- und Versandhäuser und der ersten Ladenketten, die im *Gilded Age* immer neue Umsatzrekorde erzielten.

1865 war der amerikanische Industrieausstoß deutlich geringer als der von Großbritannien, Deutschland und Frankreich; 1900 war er größer als der aller drei Länder zusammen. Wie war dieses immense Wachstum möglich gewesen? Von wesentlicher Bedeutung war der amerikanische Binnenmarkt als der weltweit größte zusammenhängende Wirtschaftsraum, der nach außen durch Schutzzölle größtenteils abgeschirmt war. Der expandierende Markt und die Arbeitsbedingungen erzeugten immer wieder Vertrauen bei in- und ausländischen Investoren, die immense Kapitalsummen zur Verfügung stellten. Der technologische Fortschritt ließ zwar etliche alte Industrien untergehen, begünstigte aber andere und brachte neue hervor. Die Regierungen waren auf allen staatlichen Ebenen stets bereit, ökonomisches Wachstum zu fördern, indem sie Geld, Land u. a. Ressourcen zur Verfügung stellten. Politische Stabilität, das Bekenntnis zum Privateigentum und zum freien Unternehmertum sowie große Zurückhaltung gegenüber Eingriffen in das Wirtschaftsleben und die Arbeitsbedingungen begünstigten den Industrialisierungsprozeß ungleich stärker als in Europa. Es war das „Goldene Zeitalter" der „Industriekapitäne", die von ihren Gegnern allerdings lieber *Robber barons* genannt wurden.

Obwohl die Folgen dieses Prozesses die ganze Nation verändert haben, war er nahezu ausschließlich auf den Norden zentriert. 1890 stammten über 85% aller amerikanischen Industrieerzeugnisse aus dieser Region, während der Westen vielfach Rohstoffe lieferte und der Süden zwar in einigen Bereichen Fortschritte machte, im wesentlichen aber mit der Beseitigung der Kriegsfolgen beschäftigt war. 1890 erreichte der Wert der Industrieproduktion des gesamten Südens nur etwa die Hälfte jener des Staates New York. Fünfzig Jahre lang, von 1865 bis 1914, wuchs das amerikanische Bruttosozialprodukt jährlich um über 4%. Nie zuvor hatte es eine so lange Phase kontinuierlichen Wachstums gegeben.

Da aus dieser gigantischen, mit Schätzen gefüllten Schüssel – wie ein zeitgenössischer Industrieller Amerika charakterisierte – viele schöpfen wollten, wuchs die Bevölkerung nach dem Bürgerkrieg dramatisch an. Das Land lockte immer mehr Einwanderer an. Nahezu 300 Jahre hatte es gedauert, bis Amerika 35 Millionen Einwohner zählte (1865); für die nächsten 35 Millionen reichten 30 Jahre. So sehr diese Zahlen auch begrüßt wurden, die Menschen waren nicht immer willkommen. 13,5 Millionen Einwanderer waren von 1865 bis 1900 in die Vereinigten Staaten gekommen; zwischen 1905 und 1914 sollten es im Durchschnitt eine Million pro Jahr werden. Zwar kamen seit dem Ende des Bürgerkriegs bis zum Jahrhundertende 90% der Einwanderer aus Europa, aber 1865 wie auch zuvor wanderten davon gut 90% aus Deutschland, Großbritannien und Irland ein. Gegen Ende des Jahrhunderts kamen regelmäßig etwa drei Viertel der Einwanderer aus Österreich-Ungarn, Italien und Rußland. Waren es vorher überwiegend Protestanten gewesen, so kamen nun vor allem Katholiken und Juden, und sie wurden angesichts der Unterschiede in Sprache, Gebräuchen, Kultur und Religion vielfach als Fremdkörper empfunden. Es waren jedoch genau jene billigen Arbeitskräfte, die die Industrie verlangte, während die Gewerkschaften sie mit Mißtrauen und Ablehnung betrachteten, da sie die Löhne drückten.

Wohl gab es Verbesserungen bei den Löhnen, ebenso auch im Gesundheitswesen oder im Erziehungsbereich, aber die Arbeit war lang, hart und angesichts der niedrigen Sicherheitsstandards mitunter gefährlich. Das galt nicht nur für Männer, sondern in zunehmendem Maße auch für Frauen und

Kinder. Jede fünfte, im allgemeinen unverheiratete Frau über 16 Jahren war am Jahrhundertende berufstätig – durchweg in untergeordneten Berufen –, und die Zahl der arbeitenden Kinder hatte in den voraufgegangenen drei Jahrzehnten um 130% auf 1,8 Millionen zugenommen. Diskriminierungen waren an der Tagesordnung. So war es üblich, daß in Amerika geborene Arbeiter mehr als Einwanderer, Protestanten mehr als Katholiken und Juden, Weiße mehr als Schwarze und Asiaten verdienten. Frauen kamen gerade auf etwas mehr als die Hälfte des Arbeitslohns der Männer, und wenn es Fortschritte und Verbesserungen gab, kamen diese vor allem weißen, in Amerika geborenen Protestanten zugute. Schwarze führten Randexistenzen mit niederer körperlicher Arbeit. Ähnlich ging es Chinesen und später Japanern in Kalifornien. 1879 erreichte die *Workingmen's Party* in Kalifornien den Ausschluß von Chinesen in größeren Unternehmen, und 1882 verbot der Bundeskongreß grundsätzlich jede Einwanderung chinesischer Arbeiter.

Die Gewerkschaften waren kaum in der Lage, gegen diese Diskriminierungen und Arbeitsbedingungen vorzugehen. Ihre Mitgliederzahlen hatten das ganze 19. Jahrhundert über nie mehr als 2% aller Erwerbstätigen und mehr als 10% aller Industriearbeiter erreicht, zumal sie vielen als unamerikanisch und politisch radikal galten. So kamen alle Bestrebungen aus der Facharbeiterschaft zur Organisation von Berufsvertretungen nur mühsam voran. Der größte Erfolg war noch der 1881 gegründeten *American Federation of Labor* (AFL) als lockerer Allianz von Facharbeitergewerkschaften beschieden. Sie vereinigte unter ihrem jahrzehntelangen Präsidenten Samuel Gompers 1901 immerhin rund ein Drittel der amerikanischen Facharbeiter, verfolgte jedoch keinerlei sozialreformerische Ziele. Mit ihrem moderaten Programm war sie immerhin erfolgreicher als die 1870 gegründete *Knights of Labor*, die zwar auch für einfache Arbeiter, Frauen und Schwarze offen war und in den achtziger Jahren starken Zulauf erlebte, aber bald wieder von der Bildfläche verschwand.

Wesentlich dazu beigetragen hatte die starre Abwehrhaltung der Unternehmer und Regierungen. Als 1877 die Eisenbahnen Lohnkürzungen für Arbeiter bekanntgaben, gab es beim Einsatz von Truppen gegen die Streikenden über 100 Tote. Zwischen 1880 und 1900 kam es insgesamt zu über 23 000 Streiks, an denen rund 6,6 Millionen Arbeiter beteiligt waren. Der schlimmste Vorfall ereignete sich dabei im Mai 1886 auf dem Haymarket Square in Chicago, wo die Polizei zwei streikende Arbeiter erschoß. Bei einer anschließenden Protestversammlung wurde eine Bombe geworfen, der sieben Menschen zum Opfer fielen; die Polizei schoß in die Menge, es gab noch einmal vier Todesopfer. Der Bombenwerfer wurde nie identifiziert. Doch viele Amerikaner forderten nun ein energisches Vorgehen gegen den „Arbeiterradikalismus". Die Chicagoer Polizei verhaftete acht Anarchisten, und ohne jeden Beweis wurden vier von ihnen wegen Mordes gehängt, denn in der öffentlichen Meinung war die Verbindung von Arbeiterbewegung und Anarchismus offenkundig.

Daß der soziale Fortschritt auf breiter Front im ausgehenden 19. Jahrhundert ausblieb, lag auch daran, daß die Industriearbeiter außerstande waren, sich mit der agrarischen Protestbewegung des Westens zu verbinden. Alle dortigen Versuche, sich aus den Abhängigkeiten von Frachttarifen, Lagergebühren, willkürlich festgesetzten Verbraucherpreisen, aber auch von Banken und Spekulanten zu befreien, eine inflationistische Politik des weichen Geldes durchzusetzen und die Gewerkschaften als Verbündete zu gewinnen, waren in den achtziger Jahren immer wieder fehlgeschlagen, fanden aber unter den Bedingungen der 1893 einsetzenden Wirtschaftskrise neue Nahrung. In dieser Situation richteten sich 1896 alle sozialreformerischen Hoffnungen auf die Demokratische Partei, die den Populismus des Westens aufgegriffen und William Jennings Bryan dank der berühmtesten Rede, die je auf einem amerikanischen Parteikonvent gehalten wurde, zu ihrem Präsidentschaftskandidaten gekürt hatte. Er trat, anknüpfend an Jackson, gegen eine Politik an, die die Reichen auf Kosten der um ihren täglichen Lebensunterhalt kämpfenden Massen nur noch reicher mache. Die Wahlen von 1896 wurden zum politischen Höhepunkt des *Gilded Age* mit allen seinen Widersprüchen; es war ein Ringen zwischen einem vagen Bündel von politischen Reformideen, die auf der Unzufriedenheit der Massen gründeten, und den Erfolgreichen, den Plutokraten und den etablierten Parteimaschinen, die sich gegen einschneidende politisch-soziale Veränderungen sträubten. Entsprechend war das Ergebnis: 7,1 Millionen für den Republikaner William McKinley, 6,5 Millionen für Bryan. Dieser hatte in 21 Staaten gewonnen, die alle im Süden und Westen lagen, während McKinley in den 22 Staaten des Nordens und Ostens gesiegt hatte. Das industriell-urbane Amerika hatte über das ländliche rückwärtsgewandte Amerika gesiegt.

Diesem vorwärtsdrängenden Amerika war der Kontinent schon lange zu klein geworden. Bereits 1854 hatte die amerikanische Marine die Öffnung des japanischen Marktes erzwungen, und die Stimmen nahmen zu, die im Pazifik ein *mare nostrum* der Amerikaner sahen. 1867 hatte man zwar erfolglos über einen Handelsvertrag mit Hawaii verhandelt, aber die Midway-Inseln annektiert und für etwas über 7 Millionen Dollar den Russen Alaska abgekauft. Als sich im gleichen Jahr Napoleon III. aus Mexiko zurückzog, wertete die amerikanische Öffentlichkeit den Vorgang als Ausdruck der wachsenden amerikanischen Macht in der westlichen Hemisphäre.

Diese Politik setzten die nachfolgenden Präsidenten fort. Grant scheiterte zwar mit seiner Annexionspolitik im Pazifik und der Karibik, aber Hawaii, Kuba und Puerto Rico blieben in der Folge auf der Wunschliste amerikanischer Annexionspläne. Bis es so weit war, hatte man mit ihnen und mit Mexiko, Santo Domingo, den britischen westindischen Inseln, Kolumbien und anderen Staaten Handelsverträge abgeschlossen, um ihre Märkte für amerikanische Produkte zu öffnen und sie stärker an amerikanische Interessen zu binden. In dieser Entwicklung drückte sich nicht nur die zunehmende Bedeutung der amerikanischen Wirtschaft aus, die immer stärker nach außen drängte. Zugleich schlug sich darin ein ins Globale gesteigertes Verständnis der Monroe-Doktrin und des *Manifest destiny* nieder, für das Ostasien nicht mehr der Ferne Osten war, sondern zunehmend zum Fernen Westen wurde. Die Gedanken des im Innern so virulenten Sozialdarwinismus flossen in diese Vorstellungen ebenso ein wie jene von Alfred T. Mahan, des einflußreichen Theoretikers der Bedeutung der Seemacht.

Auch wenn sich konkrete Annexionsziele in den folgenden Jahren nicht verwirklichen ließen, blieben die Vereinigten Staaten bemüht, ihre ökonomische und politische Position gegenüber den Staaten Lateinamerikas auszuweiten, und setzten in der Venezuela-Krise 1895–97 ihren Anspruch auf Mitwirkung in lateinamerikanischen Angelegenheiten und die internationale Beachtung der Monroe-Doktrin weitgehend durch. Ähnlich hemdsärmelig war man auf Hawaii vorgegangen, wo amerikanische Siedler mit Unterstützung der amerikanischen Marine Anfang 1893 die Regierung gestürzt und einen Annexionsvertrag mit amerikanischen Regierungsvertretern unterzeichnet hatten, der jedoch vom Senat zurückgewiesen wurde. Erst als sich angesichts japanischer Drohgebärden und schließlich aufgrund des Krieges mit Spanien eine neue Situation zu ergeben schien, war der Kongreß im Juli 1898 auf Drängen von McKinley bereit, Hawaii in einer gemeinsamen Resolution zu annektieren, um damit über eine Marine- und Handelsbasis inmitten des Pazifik auf dem Weg nach China zu verfügen. Auch der jahrzehntealte Wunsch nach einem Stützpunkt im Südpazifik konnte im folgenden Jahr realisiert werden, als sich Deutschland und die Vereinigten Staaten einigten, die Samoa-Inseln untereinander aufzuteilen.

Angesichts der amerikanischen Politik der zurückliegenden Jahrzehnte liefen 1898 viele Entwicklungsstränge zusammen, die in den voraufgegangenen Jahrzehnten angelegt worden waren und die den amerikanischen Aufstieg zur Weltmacht manifest machten, dessen Stunde nun gekommen schien. Kuba und Puerto Rico waren zwei der letzten Bastionen des einst weltumspannenden spanischen Kolonialreiches. Doch ökonomisch und politisch war die Situation auf Kuba im Laufe der neunziger Jahre durch kubanische Aufstände und spanische Unterdrückungsmaßnahmen immer unerträglicher geworden. Nicht nur die amerikanische Boulevardpresse, sondern schließlich auch McKinley machten sich zu Verteidigern der Menschheit gegen die sogenannte spanische Barbarei. Als im Januar 1898 spanische Truppen in Havanna gegen die neue, moderate Autonomiepolitik für Kuba revoltierten, entsandte Washington das Schlachtschiff *Maine* als Geste der Stärke nach Havanna. Als die *Maine* jedoch am 15. Februar 1898 aus bis heute nicht restlos geklärten Gründen im Hafen von Havanna explodierte, wurde der Ruf nach Krieg immer lauter. Am 19. April 1898 erklärte der Kongreß in einer gemeinsamen Resolution Kuba für unabhängig und ermächtigte McKinley, Armee und Marine einzusetzen, um die Spanier von Kuba zu vertreiben. In einem Gesetzeszusatz wurde dabei festgehalten, daß die Vereinigten Staaten nicht die Absicht hätten, Kuba zu annektieren. Die offizielle Kriegserklärung an Spanien folgte am 25. April. Darauf brach jener „glänzende kleine Krieg" – wie ihn bald Außenminister John Hay nennen sollte – aus, der schon nach 113 Tagen wieder vorbei war. Dabei war Amerika kaum für ihn gerüstet gewesen. Die reguläre Armee, um die man sich seit Ende des Bürgerkriegs ebensowenig wie um die Marine gekümmert hatte, zählte nur 28 000 Mann. Doch hatten sich 1 Million Freiwillige gemeldet, die meist gar nicht rasch genug an die Front kommen konnten. Bewaffnung und Verpflegung waren unzureichend. Dazu kam das Rassenproblem. Ein Viertel der amerikanischen Kriegstruppen waren Schwarze, deren Einsatz von kriegsentscheidender Bedeutung wurde.

Der Krieg war kaum eine Woche alt, als das in Hongkong stationierte asiatische Geschwader der US-Kriegsmarine die spanische Flotte am 1. Mai in der Bucht von Manila vernichtete. Damit standen die Philippinen dem amerikanischen Zugriff offen, doch es waren keine amerikanischen Truppen in Reichweite, so daß die spanische Kapitulation auf den Philippinen erst am 13. August erfolgen konnte. Auf Kuba hatte man die spanische Flotte festgesetzt und Ende Juni mit der Invasion begonnen, die bereits nach wenigen Wochen und der Versenkung der spanischen Flotte beendet war, so daß am 12. August im Weißen Haus die vorläufigen Friedensbedingungen unterzeichnet werden konnten. Die Vereinigten Staaten hatten neue Gebiete und neue Verantwortung erworben: Spanien gewährte Kuba die Unabhängigkeit und trat Puerto Rico und Guam an die USA ab. Die Philippinen sollten bis auf weiteres von den Vereinigten Staaten annektiert werden, was zu verbreiteter Opposition in den USA und im November 1898 zur Gründung der *Anti-Imperialist League* führte, die den Friedensvertrag mit Spanien und die amerikanischen Annexionspläne zu durchkreuzen suchte. Doch nicht zuletzt angesichts innerer Unstimmigkeiten ratifizierte der Senat im Februar 1899 den Vertrag, der das Land zu einer Kolonialmacht mit allen damit verbundenen Problemen machte, zu deren Konsequenzen der philippinisch-amerikanische Krieg von 1898–1902 gehörte. Die Puertoricaner schienen dagegen die amerikanische Herrschaft zu akzeptieren, so daß die Truppen rasch abgezogen werden konnten. Das Gebiet wurde als Territorium organisiert, und seine Bewohner erhielten 1917 die amerikanische Staatsbürgerschaft.

Dennoch haben die Vereinigten Staaten den klassischen Weg der europäischen Kolonialmächte nicht weiter beschritten, sondern, zumal in ihrer Politik gegenüber China, das auch letztlich von Europa akzeptierte Prinzip der sogenannten *Open Door policy* durchgesetzt, das den Gedanken der formalen Herrschaft und der exklusiven Rechte zurückwies und statt dessen von dem Grundsatz des gesicherten, ungehinderten und für alle gleichen Zugangs zu den Märkten getragen war; eine Politik, die die USA ohne Gegenleistung nie für sich selbst bereit waren zu akzeptieren, die aber die neue Macht der Vereinigten Staaten in der Welt dokumentierte.

VII. Reform und Reaktion (1898–1932)

Amerikas Aufstieg zur Weltmacht hatte die Widersprüche des Landes deutlich werden lassen; seine Folge war eine regelrechte Reformeuphorie, die sich in ein, zwei Jahrzehnten amerikanischer Geschichte, von einem breiten gesellschaftlichen Konsens getragen, intensivierte, um schließlich veränderten sozialen Grundstimmungen Platz zu machen. Im Unterschied zu früheren Reformbewegungen – doch ähnlich dem, was dann der *New Deal* unter anderen Vorzeichen und mit deutlich veränderter Zielsetzung unternahm – war die „fortschrittliche Bewegung" *(Progressive Movement)* in den ersten zwei Jahrzehnten des 20. Jahrhunderts davon überzeugt, daß der Staat bei der Reform von Gesellschaft, Wirtschaft und Politik die entscheidende Rolle spielen müsse. Zwar ging es um die Kehrseiten der Industrialisierung und die Folgen der Konzentration ökonomischer Macht in den Händen weniger, aber es war keineswegs eine Bewegung „des Volkes" gegen die Wirtschaft und das freie Unternehmertum schlechthin. Die „Progressiven" bildeten ein buntes Gemisch aus Unternehmern, Politikern, Journalisten, Sozialreformern, Wissenschaftlern, Intellektuellen und Idealisten mit zahllosen klangvollen Namen, darunter Thorstein Veblen, Oliver Wendell Holmes Jr., Charles A. Beard, William James, John Dewey, Jane Addams, Herbert Croly, Henry Demarest Lloyd, Theodore Dreiser, Lincoln Steffens u. v. a. Ohne festes Programm verfolgten sie vielfältige, oft widersprüchliche, selbst fragwürdige Reforminteressen, die für das Erreichte ebenso charakteristisch waren wie für das Unfertige und ihr Versagen.

Sie alle wollten die sozialen Auswüchse des Kapitalismus mildern und seine Verfilzung mit der Politik beenden, jedoch nicht die sozioökonomische Ordnung im radikalen oder revolutionären Sinn verändern. Doch wie und wo man zuerst ansetzen sollte, war umstritten, so daß aus der Fülle der unkoordinierten Einzelmaßnahmen schon bald die vielfältigen Reformen in Wisconsin unter seinem Gouverneur Robert La Follette herausragten. Um jedoch generell die Bedürfnisse der Bürger gegenüber der Politik nachdrücklicher zur Geltung zu bringen, wurde die Reform der Wahlgesetze gefordert. Die Einführung von Vorwahlen *(Primaries)*, um einen größeren Einfluß der Bürger auf die Kandidaten und die Kandidatenaufstellung zu sichern, sollte diesem Zweck ebenso dienen wie der 17. Zusatzartikel zur Verfassung von 1913, mit dem die Volkswahl zum Bundessenat in Washington eingeführt wurde. Diese Demokratisierungen der Wahlen trugen nachhaltig dazu bei, den Einfluß der Parteien und ihrer Apparate zurückzudrängen.

Um 1906 war aus dem, was bislang als isolierte und lokale Reformen erscheinen mochte, eine nationale Bewegung geworden. Symbolischer Ausdruck dafür war, daß La Follette in den Senat nach Washington wechselte. Noch markanter erschien vielen zumal die zweite Amtsperiode von Theodore Roosevelt, der seit September 1901 als Präsident einen in diesem Amt bislang ungekannten politischen Aktivismus an den Tag legte, Arbeitskonflikte schlichtete und „schlechte" Trusts zerschlug, die allein selbstsüchtige Ziele verfolgten. Besonderen Symbolcharakter erreichte dabei die Reformbewegung für den Verbraucherschutz 1906, die durch Upton Sinclairs *The Jungle* aufgerüttelt worden war. Mit ähnlichem Nachdruck setzte sich Roosevelt für den Schutz der Natur ein, während er in Rassenfragen zurückhaltender war.

Sein Nachfolger William H. Taft führte diese Politik mit deutlich geringerem Engagement und dem Ergebnis fort, daß Roosevelt die Republikaner spaltete und 1912 erneut für die Präsidentschaft antrat. Er erreichte zwar mehr Stimmen als Taft, doch die Spaltung der Republikaner führte zum Wahlsieg der Demokraten unter Woodrow Wilson, unter dessen Regierung dank weitreichender Maßnahmen in der Bankpolitik, der Wirtschaftskontrolle, der Arbeitsgesetzgebung und der Farmerunterstützung der Progressivismus bis 1916 ein Markenzeichen der amerikanischen Politik blieb.

Ungeachtet aller dieser nationalen wie einzelstaatlichen Maßnahmen ging das *Progressive Movement* – und darin unterschied es sich von dem agrarischen Populismus der voraufgegangenen Jahrzehnte – im wesentlichen von den Städten aus, denn es waren die Großstädte, die sich zwischen 1898 und 1917 dramatisch veränderten. Im Jahr 1900 lebten 30 Millionen Amerikaner in den Städten und 46 Millionen auf dem Land; zwanzig Jahre später hatten die Städte eine Bevölkerung von 54 Millionen, während es auf dem Land 52 Millionen waren. Der gesamte Bevölkerungszuwachs des Landes von rund 30 Millionen Menschen in diesen zwanzig Jahren war fast ausschließlich dem städtischen Amerika zugute gekommen, dessen Bevölkerungszahl sich nahezu verdoppelt hatte, während das ländliche Amerika nur um rund 6 Millionen zugenommen und zugleich rund 2 Millionen an das städtische Amerika abgegeben hatte, die dort ihrerseits auf rund 17 Millionen Einwanderer aus Übersee trafen.

Allein die Stadt New York wuchs zwischen 1900 und 1920 um 2,2 Millionen Einwohner. Es entstanden immer neue Viertel der Italiener, der Juden, aber auch der Chinesen, Mexikaner und Schwarzen, die in diesen Jahren ihre „große Wanderung" aus dem ländlichen Süden in die Metropolen des Nordens begannen. Sie alle suchten einen neuen Start und ein besseres Leben. Doch was sie fanden, waren Städte, die selbst beim besten Willen mit der Bevölkerungsexplosion nicht Schritt zu halten vermochten. So lebten sie zusammengepfercht auf engstem Raum in miserablen Wohnblocks *(tenements)* oder anderen slumähnlichen Behausungen, oft ohne Trinkwasser, Kanalisation, Müllabfuhr oder hinreichende Feuerschutzmaßnahmen, ganz zu schweigen von ordentlichen Schulen und Parks, von hinreichenden Gesundheits- und Hygienebedingungen. Kein Wunder, daß die Sterblichkeitsraten in diesen übervölkerten Einwanderervierteln doppelt so hoch lagen wie im nationalen Durchschnitt. Um zumal hier konkrete Verbesserungen zu erreichen wie überhaupt die Lebensbedingungen in den Metropolen zu verbessern, mußten nicht nur die Macht der politischen Bosse gebrochen, sondern auch durch konkrete Maßnahmen Müllabfuhr und Straßenreinigung, Milchaufsicht, Gesundheitsprogramme und Bauordnungen verbessert werden. Generell sollten die Städte durch Parks, Alleen, Straßenbeleuchtung und Wiederaufbau von Innenstadtbereichen verschönert werden.

Doch nicht nur die Einwanderer hatten das Leben der Städte verändert, auch die sprunghaft gestiegene Zahl der Angestellten *(white collar workers)*, die schließlich ein Viertel der arbeitenden Bevölkerung ausmachten. Dieser neue, selbstbewußte Mittelstand unterhalb der Eliten der alten Familien und Industriemagnaten drückte politisch und sozial den Städten ihren Stempel auf. Dazu gehörten in zunehmendem Maße Frauen, denen die Städte zwar neue Möglichkeiten der höheren Bildung, aber auch neue Frustrationen boten. Denn das Eindringen der Frauen in die Arbeitswelt hatte seinen Preis: Wurde 1900 eine von zwölf Ehen geschieden, so war es 1920 bereits eine von neun. Auch darin drückte sich der Wandel der Moral- und Wertvorstellungen der Zeit aus.

Im Gegenzug versuchten die Frauen sich zu organisieren und für ihre politischen Rechte zu kämpfen. Das Frauenwahlrecht hatte sich bislang erst in vier dünnbesiedelten Staaten des Westens durchsetzen können. Der entscheidende Durchbruch erfolgte 1917 in New York und im Jahr darauf in Michigan. Der aktive Anteil der Frauen am Ersten Weltkrieg trug schließlich dazu bei, daß 1919 der Kongreß den 19. Zusatzartikel zur Verfassung verabschiedete, der den Frauen ab 1920 das Wahlrecht gab.

Was die Frauen erreichten, schafften weder die Schwarzen noch die Kinder. Beide waren de facto weitgehend rechtlos und Opfer ökonomischer Ausbeutung. Sie rangierten am untersten Ende der sozialen Skala und waren darauf angewiesen, daß sich andere ihres Schicksals annahmen und Verbesserungen durchzusetzen versuchten. Im Fall der Schwarzen gehörte dazu die 1909 von liberalen Weißen und Schwarzen (W.E.B. DuBois) gegründete *National Association for the Advancement of Colored People* (NAACP), die für die Gleichberechtigung der Rassen und die Durchsetzung des 14. und 15. Zusatzartikels der Verfassung kämpfte und die Aufhebung etlicher diskriminierender Gesetze erreichte. Rassistische Gewalt, Rassenunruhen, Lynchmorde und 1915 das Wiederauf-

80

leben des Ku Klux Klan konnten jedoch weder sie noch die in diesen Jahren gegründeten *National Urban League* und *American Civil Liberties Union* verhindern.

Gegen die Ausbeutung der Kinder hatten engagierte Frauen und Männer wie Florence Kelley mit der Forderung des „Rechts auf Kindheit" jahrzehntelang gekämpft und schließlich dazu beigetragen, daß dank ständig verschärfter Verbote und Kontrollen die Kinderarbeit zunehmend unterbunden wurde. Aber es war ein langer Weg, und die offiziellen Zahlen zeigten oftmals nur die Spitze des Eisbergs.

Was den Kindern nicht möglich war, versuchten mehr und mehr Erwachsene: nämlich ihr eigenes Los durch Organisation und Agitation zu verbessern. Bis 1920 war der Anteil der in der AFL organisierten Arbeiter auf ein Fünftel der außerhalb der Landwirtschaft Beschäftigten angewachsen. Daneben waren neue Gewerkschaften entstanden, die sich um die am meisten Benachteiligten kümmerten und ihnen ein Sprachrohr verschafften, unter ihnen die *International Ladies' Garment Workers' Union*. Sie war 1900 von Einwanderern in der New Yorker Textilindustrie gegründet worden und hatte durch erfolgreiche Streiks 1909 und 1911 auf sich aufmerksam gemacht. Eine weitere Gewerkschaft war die der 1905 in Chicago entstandenen *Industrial Workers of the World* (IWW), die „*Wobblies*" des abenteuerlichen „Big Bill" Haywood, die auf ihrem Höhepunkt 30 000 Mitglieder vom untersten Ende der Arbeiterhierarchie zählten. Sie beflügelte die Phantasie der Intellektuellen in Greenwich Village, war aber längst nicht so gewalttätig, wie die Regierung unterstellte, die sie bis 1920 praktisch zerschlagen hatte.

Angesichts der politisch-sozialen Entwicklung im Lande mit der Verschärfung der sozialen Gegensätze erschien manchen der Sozialismus in Form der *Socialist Party of America* als eine Alternative; unter ihrem Führer Eugene V. Debs erreichte sie bei den Wahlen von 1912 und 1920 jeweils um 900 000 Stimmen, entsprechend etwa 6 %.

Insbesondere viele der lokalen sozialreformerischen Ansätze trugen jedoch dazu bei, daß das *Progressive Movement* einen zunehmend repressiven, moralistischen Ton annahm. In ihrer Sorge um die soziale Ordnung versuchten etliche Reformer, die öffentliche Moral per Gesetz zu verordnen. Sie liefen Sturm gegen Glücksspiele und Amüsierparks, gegen Tanzsäle und Kinos als Stätten der Unmoral. Regelrechte Kampagnen gegen die sogenannte *White slavery* richteten sich als Warnung an die unschuldigen Mädchen vom Lande vor den Sünden der Stadt, und die 1895 gegründete *Anti-Saloon League* wurde nicht müde, auf den Zusammenhang von Alkoholmißbrauch und Gesundheitsproblemen, Familienzerrüttung, dem Mißbrauch von Kindern, der politischen Korruption und von Arbeitsausfällen hinzuweisen. Sie erreichte schließlich 1918, gegen Ende des Ersten Weltkriegs, mit dem 18. Zusatzartikel zur Verfassung das Verbot von Herstellung, Verkauf und Transport von alkoholischen Getränken und damit die letzte Sozialreform dieser Ära. Doch auch das Eintreten vieler Reformer für eine Einwanderungsbeschränkung, für die Zwangssterilisation von aufgrund sexueller Vergehen Verurteilten, Rassismus und Segregation haben zum ambivalenten Bild der gesamten Reformbewegung beigetragen.

Etliches davon war schon in den Jahren des Ersten Weltkriegs virulent, der sich angesichts der neuen amerikanischen Weltmachtrolle immer stärker auf die Politik des Landes auswirkte. So war man etwa in Ostasien zunehmend als Ordnungsmacht aufgetreten, indem man einerseits durch die führende Beteiligung an der Niederschlagung des Boxeraufstandes 1900 zur Schwächung Chinas beigetragen, zugleich aber durch die erneute Betonung der *Open door*-Politik das Interesse an der Wahrung des Status quo unterstrichen hatte. Als diesen der russisch-japanische Krieg bedrohte, lud Theodore Roosevelt beide Parteien zu Verhandlungen ein, die im September 1905 zur Unterzeichnung eines Friedensvertrages führten. Damit waren die Vereinigten Staaten zum mächtigsten Rivalen des japanischen Expansionismus in Ostasien geworden. Unmißverständlich wurde diese Position 1908 durch einen großen amerikanischen Flottenbesuch in Japan unterstrichen. Taft setzte diese aggressive *Dollar diplomacy*, wie sie schon bald genannt wurde, auch gegenüber China durch, so daß schließlich die Vision einer von den USA geprägten Weltordnung deutlichere Formen annahm.

Die außenpolitische Durchsetzung eigener Interessen bestimmte noch unverhohlener die Lateinamerikapolitik. So war Kuba durch das sogenannte *Platt amendment* von 1901 praktisch zum amerikanischen Protektorat geworden. Die Karibikinsel durfte weder einen Vertrag mit einem anderen Staat abschließen, der ihre Unabhängigkeit beeinträchtigte, noch über ihre finanziellen Möglichkeiten hinausgehende Auslandskredite aufnehmen. Die Vereinigten Staaten verfügten damit de facto über ein Interventionsrecht und besetzten Kuba, das sie erst 1902 verlassen hatten, erneut von 1906 bis 1909 und wiederum 1912 und errichteten den ausgedehnten Marinestützpunkt Guantánamo, den sie seither halten, obwohl das ominöse *Platt amendment* 1934 abgeschafft wurde.

Bereits seit langem hatten die Vereinigten Staaten ein vorrangiges strategisches wie kommerzielles Interesse am Bau eines Kanals in Mittelamerika, der entweder durch Panama oder Nicaragua führen sollte. Schließlich entschied man sich in Anlehnung an ältere, fehlgeschlagene französische Pläne für Panama; doch der kolumbianische Senat verweigerte im August 1903 seine Zustimmung zu dem vereinbarten Regierungsabkommen.

Roosevelt war empört, daß Kolumbien es gewagt hatte, im wohlverstandenen eigenen Interesse den USA die Stirn zu bieten. Entschlossen, dennoch den Kanal zu bauen, fand er Mittelsmänner, die bereit waren, in Panama eine „Revolution" zu inszenieren, die planmäßig am 3. November 1903 ausbrach und mit der sich die bisherige Provinz von Kolumbien lossagte. Die Vereinigten Staaten erkannten umgehend den neuen Staat an und unterzeichneten mit ihm einen Kanalvertrag. Nach entsprechenden Vorbereitungen und mehrjähriger Bauzeit wurde der Kanal am 15. August 1914 eröffnet. Erst 1921 fand sich der Kongreß im Blick auf die fragwürdigen Methoden zur Erlangung der Kanalzone bereit, eine Entschädigung von 25 Millionen Dollar an Kolumbien zu zahlen. Dennoch haben, zusammen mit anderen Maßnahmen, der Roosevelt-sche Grundsatz des „großen Knüppels" im Umgang mit den Staaten der Hemisphäre und die Politik des Interventionismus, als Rechtsanspruch 1904 ausgedrückt in einem Zusatz zur Monroe-Doktrin – dem berühmt-berüchtigten *Roosevelt Corollary* –, die Beziehungen zu Lateinamerika auf Dauer belastet. Auch Roosevelts Nachfolger haben unter Berufung auf diesen Grundsatz zur Wahrung amerikanischer Interessen immer wieder in Staaten der Karibik und Mittelamerikas militärisch interveniert.

In auffallendem Gegensatz zu dieser Politik des Interventionismus stand die amerikanische Haltung zu dem in Europa am 1. August 1914 ausgebrochenen Ersten Weltkrieg, gegenüber dem Wilson sogleich eine Neutralitätserklärung abgab. Doch mit der Zeit änderte sich die amerikanische Haltung. Tief verwurzelte emotionale Bindungen an Großbritannien und Frankreich, mächtige Wirtschaftsinteressen, die Vision einer heraufziehenden *pax americana* und die fortgesetzten Verletzungen neutraler Rechte durch Deutschland trugen schließlich dazu bei, daß die Vereinigten Staaten im April 1917 auf seiten der Alliierten in den Krieg eintraten. Äußere Ereignisse, darunter der deutsche U-Boot-Krieg, der am 7. Mai 1915 zur Versenkung der *Lusitania* führte und rund 1200 Menschen – darunter 128 Amerikaner – in den Tod riß, hatten um so eher zum Umschwung der öffentlichen Meinung zugunsten der Alliierten beigetragen, als die amerikanische Konjunkturentwicklung und ein erheblicher Teil des Wohlstandes im Lande mit dem Schicksal der Alliierten verknüpft war. Bis April 1917 hatten die USA den Alliierten Kredite in Höhe von 2,3 Milliarden Dollar gewährt, Deutschland hingegen nur 27 Millionen Dollar. Dennoch waren die Vereinigten Staaten, als sie am 6. April 1917 offiziell in den Krieg eintraten, militärisch darauf kaum vorbereitet. Die reguläre Armee bestand aus 120 000 Mann, die Munition reichte für zwei Kampftage. In aller Eile wurde die allgemeine Wehrpflicht eingeführt, und bis zum November 1918 waren nahezu drei Millionen Soldaten eingezogen worden. Ihre Beteiligung am

Krieg in Frankreich sollte von ausschlaggebender Bedeutung sein. Während im Innern Hysterie und Intoleranz praktisch zum Ende der deutschen Kultur in den Vereinigten Staaten führten, wurde die Wirtschaft mit einschneidenden Maßnahmen auf Kriegsbedarf ausgerichtet. Dazu gehörte eine ganze Reihe staatlicher Eingriffe und Kontrollen, vor allem durch das *War Industries Board* unter Bernard Baruch und die *Food Administration* unter Herbert Hoover. Sie alle führten zu einem bislang nicht gekannten Ausmaß an staatlichen Reglementierungen der Wirtschaft, die zwar nach dem Krieg rasch wieder verschwanden, an die man sich aber zur Zeit des *New Deal* wieder erinnerte.

Im Januar 1918 formulierte Wilson in seiner 14-Punkte-Rede vor dem Kongreß die amerikanischen Kriegsziele, darunter das Selbstbestimmungsrecht für die Völker in Österreich-Ungarn und im Ottomanischen Reich sowie, bei kolonialen Streitigkeiten, Grundelemente seiner Vision der *pax americana:* freie Schiffahrt, niedrige Zollschranken, Rüstungsbegrenzung, keine Geheimverträge und eine allgemeine Verbindung der Nationen. Doch auf der Friedenskonferenz, die am 18. Januar 1919 in Versailles begann, konnte Wilson nicht allzuviel von seinen Idealen von Demokratie und Selbstbestimmung durchsetzen. Er folgte letztlich einer Politik, die in Deutschland den Nährboden für den Revanchismus bereitete, und war zudem nicht bereit, mit dem bolschewistischen Rußland ins Reine zu kommen. Dort hatten u.a. amerikanische Truppen angeblich zu verhindern versucht, daß Kriegsmaterial in die Hände der Deutschen fiel, in Wahrheit aber bis April 1920 auf seiten der Konterrevolution gegen die Bolschewiki gekämpft.

Als Wilson im Juli 1919 in die Vereinigten Staaten zurückkehrte und dem Senat den Versailler Vertrag und damit den Plan zur Errichtung eines Völkerbundes zur Ratifizierung vorlegte, hatte sich die Situation im Lande gründlich gewandelt. Inzwischen kontrollierten die Republikaner wieder den Kongreß. Noch schwerwiegender war Wilsons Zusammenbruch im September 1919 in Folge totaler Erschöpfung. So war er nicht in der Lage, die Stimmung im Senat aufzufangen und nach Wegen des Kompromisses zu suchen. Am 19. November 1919 lehnte der Senat den Versailler Vertrag und Amerikas Beitritt zum Völkerbund ab.

Obwohl 1921/22 auf der Washingtoner Flottenkonferenz ein Abkommen über die Begrenzung der Kriegsmarinen der wichtigsten Länder vereinbart wurde und die USA zu den schließlich sechzig Signatarmächten des Kellogg-Briand-Paktes von 1928 zur Ächtung des Krieges gehörten, hatte das Land sich aus der politischen Gestaltung der Nachkriegsordnung verabschiedet, so daß man in der Folge vom amerikanischen Isolationismus gesprochen hat. Dem stand die Tatsache gegenüber, daß das Land zur größten Gläubigernation der Welt geworden war. Der Senat hatte 1922 die Gesamtsumme der ausländischen Zahlungsverpflichtungen gegenüber den USA auf 22 Milliarden Dollar beziffert, wobei Großbritannien und Frankreich die größten Schuldner waren. Trotz der großen Probleme der europäischen Volkswirtschaften bestanden die USA auf der Rückzahlung. Angesichts dieser – schließlich ermäßigten – Forderungen war man aktiv an der Politik bezüglich der deutschen Reparationszahlungen beteiligt. Damit hatten die USA die Volkswirtschaften und Finanzmärkte Europas von sich abhängig gemacht und die eigene Position gestärkt, zumal sie durch hohe Zollmauern ausländische Waren vom eigenen Markt fernhielten und zugleich mit erheblichen Auslandsinvestitionen aggressiv eigene Wirtschaftsinteressen in der Welt verfolgten. Die amerikanische Politik war in den zwanziger Jahren mithin nicht bereit, international die konstruktive Rolle zu spielen, die dem Land gemäß seiner ökonomischen und militärischen Potenz zukam; damit verfehlte sie nicht nur etliche ihrer eigenen Ziele, sondern hatte letztlich auch die Illusionen, die man sich außerhalb Amerikas über seine wirkliche Stärke und Einsatzbereitschaft machte, mitzuverantworten. Es wurde rasch deutlich, daß eine derartige Politik selbst im Innern kontraproduktiv war. Zwar lief bereits nach wenigen Jahren die Konjunktur wieder auf Hochtouren, und der private Verbrauch brach alle Rekorde. Doch die immer weiter gesteigerte industrielle wie agrarische Produktion förderte stets neue Überkapazitäten und verlangte nach immer mehr Krediten, wodurch die Schere gegenüber dem Konsum zusehends auseinanderklaffte. Schließlich kam es, vor allem im Bereich der Landwirtschaft, zu ersten Formen des Preisverfalls, der auf den Hypothekenmarkt durchschlug, und am 24. und 29. Oktober 1929 folgte der Zusammenbruch der New Yorker Börse.

Dabei war die ökonomische Grundstimmung der zwanziger Jahre von einer Politik begleitet, die eindeutig auf die Geschäftswelt ausgerichtet gewesen war. Die konservativen Republikaner hatten 1920 Warren G. Harding aus Ohio als ihren Präsidentschaftskandidaten nominiert und damit einem Mann ins Weiße Haus verholfen, dessen Unfähigkeit einen Korruptionssumpf gedeihen ließ, der die schlimmsten Erinnerungen an Grant weckte. Doch der Wunsch nach „Rückkehr zur Normalität" ließ über vieles hinwegsehen. Er trug auch seinen Nachfolger Calvin Coolidge, der nach dem Tod von Harding im August 1923 in das Amt aufgerückt und 1924 bestätigt worden war. Coolidge brachte seine Grundüberzeugung auf die eingängige Formel: „Amerikas Geschäft ist das Geschäft." Es paßte zu dieser Maxime, daß die Schutzzollpolitik zugunsten der heimischen Industrie einsame Höhen erreichte, der Spitzensatz der Einkommenssteuer gesenkt wurde und der *Supreme Court* gegen eine Reihe progressiver Reformmaßnahmen, u. a. zur Kinder- und Frauenarbeit, entschied und Hilfen für notleidende Farmer ebenso ablehnte wie die für Opfer einer Flutkatastrophe am Mississippi.

Der ungezügelte Konsum bestimmte die sozialen Werte und Normen. Eine neue Massenkultur trat an die Stelle traditioneller Lebensgestaltung, Supermarkt und Freizeit wurden zu neuen Bezugsgrößen. Viele überkommene, europäische Lebensformen schwanden und machten Neuem Platz; ohnehin wurde die Wohnstadt im Grünen *(Suburbia)* zum Ziel einer prosperierenden und wachsenden Mittelschicht, neue Medien (Radio, Kino, Buchklubs, Massenpresse) trugen zur Standardisierung der neuen Massenkultur bei, in der sich die Ängste und Verunsicherungen, aber auch die Wunschphantasien des gewöhnlichen Amerikaners widerspiegelten, die etwa Charles A. Lindbergh – der Held des ersten Transatlantikflugs – in besonderer Weise zum Ausdruck zu bringen schien, während andere Amerikaner in diesen modernen Entwicklungen nur Zeichen des unaufhörlichen Niedergangs erblickten.

Die Gefahren des überschäumenden Wohlstands und der nach außen gekehrten Fröhlichkeit wurden in den „stürmischen zwanziger Jahren" immer wieder von Vertretern des traditionellen Amerika beschworen. Ihren folgenreichsten Angriff auf das städtisch-dekadente, antiamerikanische Amerika trugen sie auf der Welle des Superpatriotismus während des Ersten Weltkriegs vor: Amerika sollte wieder ein Land von Gleichgesinnten mit einem kulturell homogenen Volk sein. 1921 begrenzte der Kongreß die Einwanderung auf 350000 pro Jahr, und 1924 wurde ein striktes Quotensystem eingeführt, das die legale Einwanderung nicht nur auf 164000 pro Jahr beschränkte, sondern auch festlegte, daß jährlich aus jedem Land nicht mehr Menschen einwandern durften, als einer Quote von 2% der Amerikaner ihres Ursprungslandes im Jahr 1890 entsprach. Das Gesetz zielte eindeutig auf die „neuen" Einwanderer aus Süd- und Osteuropa, die erst nach 1890 in Massen ins Land gekommen waren, und gegen die chinesische und japanische Einwanderung, die ganz verboten wurde. Amerika sollte nach den Worten von Coolidge amerikanisch bleiben. Ein weiteres Aufbegehren des Nativismus und die Abwehr des „Nichtamerikanischen" symbolisierte 1915 die Wiedergründung des Ku Klux Klan. Mitte der zwanziger Jahre zählte er rund 5 Millionen Mitglieder. Er trat besonders stark im Süden, Mittleren und Fernen Westen hervor, zumal in Städten mit einem dominanten Anteil gebürtiger, protestantischer Amerikaner, die häufig aus der Arbeiterschicht stammten, zu denen aber auch Angestellte und kleine Geschäftsleute gehörten. Seine Forderungen nach ethnischer, moralischer und religiöser Reinheit in Amerika sprachen besonders jene Amerikaner an, die eine geringe Bildung hatten, tief religiös waren, ökonomisch auf wackeligen Beinen standen und durch den rapiden sozialen und moralischen Wandel verunsichert wurden. Nach einer Reihe spektakulärer politischer Erfolge brach er 1925 nach skandalösen Enthüllungen in Indiana wie ein Kartenhaus zusammen.

Der soziale und moralische Wandel der Zeit hatte den traditionellen amerikanischen Protestantismus, der die moderne Naturwissenschaft als unverhohlenen Angriff auf die etablierte Religion betrachtete, in höchstem Maße verunsichert. Zum eklatantesten Ausdruck dieses Kampfes des fundamentalistischen, rückwärtsgewandten, ländlichen Amerika gegen das städtische, wissenschaftlich orientierte Amerika wurde 1925 der berüchtigte „Affenprozeß" in Tennessee um das Verbot der Darwinischen Evolutionstheorie in den öffentlichen Schulen des Staates, in dem sich Clarence Darrow aus Chicago, der berühmteste Strafverteidiger des Landes, und William Jennings Bryan aus Nebraska in einem großen Medienspektakel gegenüberstanden. Für Darrow war es ein leichtes, Bryan zu demütigen und ihn und seine ganze Bigotterie der Lächerlichkeit preiszugeben.

Ein höchst zweifelhafter Sieg der Traditionalisten im Amerika der zwanziger Jahre war der Fall der beiden italienischen Einwanderer Nicola Sacco und Bartolomeo Vanzetti. Sie waren nach einem Raubmord verhaftet und 1921 in einem Prozeß zum Tode verurteilt worden, nicht weil sie überführt worden waren – bis heute ist umstritten, ob sie die Tat begangen haben –, sondern weil sie italienische Einwanderer und bekannte Anarchisten waren. Trotz aller Proteste des liberalen Amerika wurden sie nach Jahren hingerichtet. Für viele wurde dieses Ereignis zum Symbol der tiefen Kluft zwischen Tradition und Moderne in der amerikanischen Gesellschaft, die ebenso in der Auseinandersetzung um die Prohibition hervortrat, die das Land in *Drys* (meist gebürtige protestantische Amerikaner) und *Wets* (Liberale, Intellektuelle, Einwanderer in den großen Städten) spaltete. Was die einen als notwendige soziale Reformmaßnahme verteidigten, geißelten die anderen als bigotten Moralismus. Kaum eine Präsidentenwahl hat den Wertekonflikt in der amerikanischen Gesellschaft so deutlich gemacht wie die von 1928. Anders als 1924 nominierten die

Demokraten diesmal Al Smith, der vier Amtszeiten lang Gouverneur von New York, Katholik, irischer Abstammung und *Wet* war, für den Sozialstaat und Bürgerrechte eintrat und als Verkörperung des modernen, städtischen und multiethnischen Amerika galt. Sein Gegenkandidat war Herbert Hoover aus Iowa, Protestant, *Dry*, ein hochintelligenter *Selfmademan* und erfolgreicher Bergbauingenieur, aber für viele die Verkörperung des traditionellen Amerika. Die zentralen Wahlkampfthemen waren Alkohol, Religion und Prosperität, und die Republikaner konnten glaubhaft machen, daß Hoover die moralisch höheren Werte, amerikanischen Individualismus und Arbeitsamkeit verkörpere und daß sein Sieg den endgültigen Triumph über die Armut mit sich bringen und Amerikas Fabrikschlote rauchen lassen werde. Hoover gewann die Wahl mit einem Erdrutschsieg. Doch er war erst ein gutes halbes Jahr im Amt, als seine Präsidentschaft von der Weltwirtschaftskrise überschattet werde, die angesichts der ungebremsten spekulativen Überhitzung der vorausgegangenen Jahre zu der schwersten und anhaltendsten Rezession in der amerikanischen Geschichte führte. Aktien und Preise fielen ins Bodenlose, und schon bald standen über 20% Arbeitslose auf der Straße. Das einzige, was Hoover dieser Entwicklung entgegenzusetzen wußte, war der Glaube an die Selbstheilungskräfte der Wirtschaft. Er konnte jedoch mit seinen zu zaghaften politischen Antworten die wachsende Unzufriedenheit und den Protest im Lande nicht abwenden. Dennoch ging Hoover als ungefährdeter Kandidat der Republikaner in die Wahlen von 1932.

VIII. Die Neugestaltung Amerikas und der Welt (1932-1945)

Das Programm der Demokraten zur Überwindung der *Great Depression* unterschied sich 1932 zunächst nur unwesentlich von dem der Republikaner, doch als Franklin D. Roosevelt die Nominierung mit den Worten annahm, für „eine Neuverteilung der Karten für das amerikanische Volk" (*a new deal for the American people*) einzutreten, hatte der Wahlkampf seine Parole. Roosevelt gewann – auch er mit einem Erdrutschsieg – nicht zuletzt, weil er glaubwürdig schien und das Gefühl vermittelte, auch ein noch so hartes Schicksal meistern zu können. Mit ihm hatte zugleich das städtische Amerika mit der Vielzahl seiner, vielfach benachteiligten, ethnischen Minderheiten über das ländliche Amerika gesiegt.

Die ersten „hundert Tage" waren von einer bislang ungekannten und verwirrenden Fülle gesetzlicher Maßnahmen geprägt, die über schieren, oftmals unkoordinierten Aktionismus hinaus wieder Vertrauen in die Politik schaffen sollten. Dazu gehörten eine strikte Bankenaufsicht, Projekte zur Sicherung des Naturerbes, der Errichtung von Nationalparks, des Baus von Staudämmen, Brücken und Behörden, Kredite zum Erhalt der eigenen Wohnung oder Farm, Unterstützungs- und Überbrückungsmaßnahmen auf lokaler Ebene sowie Pläne zur Energiegewinnung und die Verbesserung der Wirtschaftsstruktur in benachteiligten Räumen.

Am bedeutendsten waren das *Agricultural Adjustment Act* und das *National Recovery Act*, mit denen der landwirtschaftlichen Überproduktion begegnet, ein weiterer Preisverfall verhindert und die industriellen Produktionsziele reduziert werden sollten – bei gleichzeitiger Befolgung der Regeln des fairen Wettbewerbs und Überwachung der festgesetzten Löhne und Arbeitsbedingungen. Darüber hinaus wurden erstmals auf nationaler Ebene Gewerkschaften rechtlich anerkannt, so daß Unternehmer Gewerkschaftsmitglieder nicht diskriminieren durften, Arbeiter das Recht hatten, sich in Gewerkschaften zusammenzuschließen und die Gewerkschaften wiederum für ihre Mitglieder Tarifverträge aushandeln konnten.

Gleichwohl ließen die „hundert Tage" insgesamt keinen zusammenhängenden Plan erkennen, mitunter waren die Maßnahmen eher kontraproduktiv. Doch sie sollten die neue Aufbruchstimmung zum Ausdruck bringen und deutlich machen, daß es aufwärts ging und man das Schicksal und die Zukunft meisterte, wenn man nur anpackte und nach vorne blickte. Lethargie und Zukunftsangst sollten durchbrochen werden und Begeisterung und Dynamik die Nation mitreißen.

Insgesamt war es eine unternehmerfreundliche Politik; lediglich die übelsten Auswüchse des Wirtschaftssystems sollten korrigiert, keineswegs jedoch das System selbst in Frage gestellt oder von Grund auf neugestaltet werden. In der Tat kam es als Ergebnis der „hundert Tage" im Sommer 1933 zu einer wirtschaftlichen Erholung, die sich jedoch als Strohfeuer erwies. Auch im folgenden Jahr blieben die ökonomischen Eckdaten zumeist ungünstig, und der *New Deal* geriet ins Kreuzfeuer der Kritik. In die zunehmende Unzufriedenheit mischten sich immer mehr Stimmen, die das ganze *National Recovery Act* für verfassungswidrig hielten, eine Auffassung, der sich der *Supreme Court* im Mai 1935 einstimmig anschloß. Kaum ein *New Dealer* trauerte über die Entscheidung, denn zur Wirtschaftsbelebung hatte das Gesetz wenig beigetragen.

Erfolgreicher schien der *New Deal* in Teilen der Landwirtschaft zu sein, denn die Einkommen der Farmer stiegen zwischen 1933 und 1937 um 50%. Doch die Landlosen, die Wanderarbeiter und die Pächter waren zunehmend von den Flächenstillegungen betroffen. Auch das Wetter schien sich gegen sie zu verbünden: Eine Folge heißer und trockener Sommer führte zu immer verheerenderen Staubstürmen von den Dakotas bis nach Texas. Viele *Okies* (obwohl sie längst nicht alle aus Oklahoma kamen) gaben auf und zogen in die Städte oder nach Westen und wurden zum Symbol für das Elend der amerikanischen Landbevölkerung der dreißiger Jahre.

Dennoch blieben der *New Deal* und Roosevelt bei weiten Teilen der Bevölkerung populär, so daß die Demokraten bei den Wahlen im November 1934 ihre Mehrheit im Kongreß ausbauen konnten. Die scharfe Kritik von konservativer bis präfaschistischer Seite (*Father* Charles E. Coughlin), aber auch von links und von einer so schillernden Figur wie dem ehemaligen Gouverneur von Louisiana Huey Long und dessen Nachfolgern war allerdings nicht verstummt.

Auf ihre teils abstrusen, teils utopischen sozialreformerischen Vorstellungen antwortete Roosevelt, bereits mit Blick auf die Präsidentschaftswahlen von 1936, mit Aktivismus und einem ganzen Bündel von Maßnahmen, die man seither als den zweiten *New Deal* bezeichnet. Schon im Januar 1935 kündigte er breit angelegte soziale Reformen an. Mit Hilfe verschiedener Maßnahmen, darunter als populärste die *Works Progress Administration,* gingen direkte staatliche Unterstützungen an Millionen von Amerikanern, und es wurden mit Milliarden Dollar öffentliche Bauten überall im Land gefördert und getreu den Lehren von John Maynard Keynes durch eine dramatisch wachsende Staatsverschuldung finanziert.

Ebenso sollte den kleinen Farmern und Pächtern geholfen und – mit dem *National Labor Relations Act* vom Juli 1935 – die Arbeitnehmer- und Gewerkschaftsrechte deutlich verbessert werden. Noch wichtiger und folgenreicher war das *Social Security Act* von 1935, mit dem der deutsche und englische Sozialstaatsgedanke aufgegriffen und eine Renten-, Arbeitsunfall- und Arbeitslosenversicherung sowie weitere Unterstützungsmaßnahmen eingeführt wurden. Schließlich wurden die Bankenaufsicht verschärft und der Steuersatz auf höhere Einkommen sowie die Unternehmenssteuer erhöht.

Mit diesem Bündel von sozialen Reformmaßnahmen ging Roosevelt in die Wahlen von 1936. Es wurde der größte Sieg, den ein amerikanischer Präsident seit 1820 errungen hatte: Auf Roosevelt entfielen 61% der Stimmen, sein republikanischer Gegenkandidat Alfred Landon brachte es auf gut 36%. Im Wahlmännerkolleg erhielt Roosevelt die Stimmen aller Staaten außer Maine und Vermont, 523:8.

Allen Gegnern des *New Deal* blieb nun allein noch der *Supreme Court* als letzte Hoffnung, juristisch das zu kippen, was sie politisch nicht verhindern konnten. Ob diese Hoffnung der Konservativen berechtigt war, erscheint fraglich, auch wenn vier der neun Richter als überzeugte Gegner des *New Deal* galten und das Gericht insgesamt als überaltert angesehen werden konnte. Dennoch hatte es 1936 die *Tennessee Valley Authority* passieren lassen, und für die Frühjahrssession 1937 standen *National Labor Relations Act* und *Social Security Act* auf dem Prüfstand, deren Verfassungswidrigkeit das Gericht ebenfalls verneinte.

Roosevelt hatte beide Entscheidungen nicht mehr abgewartet, als er im Februar 1937 aus heiterem Himmel dem Kongreß einen Gesetzentwurf zur Neuordnung des *Supreme Court* vorlegte: Angesichts der hohen Arbeitsbelastung des Gerichts sollte der Präsident das Recht erhalten, für jeden über siebzigjährigen Richter ein zusätzliches Mitglied – insgesamt bis zu sechs – in den *Supreme Court* berufen zu können. Sogleich brach ein Sturm der Entrüstung über Roosevelts *Court-packing plan* los, der die Unabhängigkeit und Integritäts des Gerichts zerstören, die Verfassung pervertieren und die Macht der Exekutive ins Schrankenlose steigern würde.

Dabei war rein verfassungsrechtlich gegen den Vorschlag gar nichts einzuwenden, denn weder war die Zahl der Mitglieder noch die Suprematie des Gerichts über die beiden anderen Gewalten durch die Verfassung festgelegt. Dennoch war Roosevelts Plan politisch verblendet, weil er nicht zwischen der öffentlichen Wirkung von Verfassungsinstitutionen und ihren jeweiligen Amtsträgern unterschied und überdies nicht erkannte, daß der *Supreme Court* im öffentlichen Bewußtsein mehr war als neun alte Herren, nämlich der Garant der Verfassung und der Rechte und Freiheiten des Bürgers. Selbst eingefleischte *New Dealer* stellten sich gegen den Plan und ließen Roosevelt keine andere Wahl, als ihn so rasch wie möglich fallen zu lassen.

Politisch hatte Roosevelt seine größte Niederlage erlitten, die in der Folge konservative Demokraten ermunterte, mit den Republikanern gegen innenpolitische Maßnahmen des Präsidenten Stellung zu beziehen. Damit ging der *New Deal* als ökonomisch-soziales Reformprogramm zu Ende. Die kurzfristige Rezession von 1937/38, die die Arbeitslosenzahlen von 7 auf 11 Millionen (20%) emporschnellen ließ, bewirkte keine neuen Reformgesetze mehr. Zwar hatte der *New Deal* die wirschaftliche Gesundung nicht erreicht, doch den Glauben an die Zukunft neu verankert, ohne dabei die Amerikaner moralisch umerziehen oder den amerikanischen Individualismus und den Kapitalismus in Frage stellen zu wollen.

Rückblickend erwies sich Roosevelts Amtsantritt am 4. März 1933 als der Beginn einer neuen Epoche. Drei Gründe sprechen für diese Zäsur. 1. Franklin D. Roosevelt war der erste moderne Präsident der Vereinigten Staaten, der das Präsidentenamt mit einem neuen Verständnis und neuer Zielsetzung ausgeübt hat. Die in der Verfassung angelegte und zuvor von einigen Präsidenten ausgefüllte dominierende Rolle des Chefs der Exekutive wurde von ihm systematisiert und institutionell auf eine neue Grundlage gestellt, darunter das gewaltig ausgebaute *Executive Office of the President*. 2. Roosevelt gelang es, die politischen Strukturen des Landes anhaltend zu verändern, indem er die Demokratische Partei auf eine neue Wählerbasis aus Arbeitern, Intellektuellen und ethnischen Minderheiten, die sogenannte *New Deal*-Koalition, stellte und sie damit von der sektionalen Partei zur neuen Mehrheitspartei auf nationaler Ebene machte. 3. Seine Politik bewirkte eine Neudefinition des Verhältnisses von Wirtschaft und Gesellschaft zueinander und die Begründung des amerikanischen Sozialstaates, der zwar nicht unbesehen mit der europäischen Variante gleichzusetzen ist, aber dennoch die Aufgaben des Staates gegenüber Wirtschaft und Gesellschaft grundlegend neu definierte.

Daraus ergab sich ein wesentlicher Unterschied zu Deutschland und anderen Ländern Europas: In der Stunde der Krise verkündete die Rooseveltsche Politik statt des Rückfalls in die Verängstigung und Verunsicherung, des Klammerns an vermeintlich sichere Werte und der Paralysierung aus Furcht den mutigen Schritt nach vorn, um „die Rückkehr zu den Übeln der alten Ordnung" zu verhindern. Roosevelt sprach damit einen Grundtenor amerikanischer Politik aus, der dann bei Kennedy und in ganz anderer Weise erneut bei Reagan anzutreffen war und der die amerikanische Politik immer wieder rein europäischen Erklärungsversuchen entzieht. Denn hier wird Politik weder nach einem ausgefeilten Plan noch nach einem in sich stimmigen parteipolitischen Konzept gemacht, sondern mit dem Vorsatz, möglichst viele, selbst gegensätzliche Wege auszuprobieren, um dann den erfolgversprechenden dem Kongreß und damit dem Volk zu präsentieren.

Roosevelt umgab sich zu diesem Zweck – wie schon in seinen vier Jahren als Gouverneur von New York – mit einem Brain-Trust aus angesehenen Wissenschaftlern. Auch seine Frau Eleanor Roosevelt sollte zeitlebens eine wichtige Rolle als Beraterin spielen – und damit die *First Lady* erstmals mit einer öffentlichen Funktion ausstatten –, die nicht nur Anliegen der Frauen einbrachte, sondern überhaupt zur sozialen Komponente Rooseveltscher Politik wesentlich beitrug.

Vergleichbar dem Neuansatz im Innern sollte auch die Lateinamerikapolitik mit Roosevelts Amtsantritt auf die neue Grundlage einer „Politik der guten Nachbarschaft" gestellt werden. In diesem Sinne zog Roosevelt u. a. die letzten amerikanischen Truppen aus der Dominikanischen Republik und aus Haiti zurück und veranlaßte die New Yorker National City Bank, ihre Kontrolle der Zentralbank von Haiti an die haitianische Regierung abzugeben. Die Konsequenz jedoch war, daß die Vereinigten Staaten damit direkt oder indirekt zur Stützung der Diktaturen von Trujillo (Dominikanische Republik), Somoza (Nicaragua) oder Batista (Kuba) beitrugen.

Ganz anders war die amerikanische Reaktion auf den immer bedrohlicher werdenden europäischen Faschismus und den japanischen nationalistischen Militarismus, auf die der amerikanische Kongreß in einer wachsenden Antikriegsstimmung mit einer Reihe von Neutralitätsgesetzen antwortete. Der breiten Masse der amerikanischen Bevölkerung erschienen die Faschisten eher komisch als gefährlich; es gab zunächst erstaunlich viel Toleranz, ja selbst ein gewisses Wohlwollen gegenüber Mussolini und Hitler, die, wie es schien, für Ordnung sorgten, effizient und antikommunistisch waren.

Roosevelt trug dieser Stimmung zwar innenpolitisch Rechnung, verkündete aber in seiner berühmten „Quarantänerede" von 1937, daß man Aggressoren mit einer Art Quarantäne belegen müsse, um der Epidemie staatlicher Gesetzlosigkeit in der Welt Einhalt zu gebieten. In diesem Sinne billigten Roosevelt und die amerikanische Öffentlichkeit das Münchener Abkommen von 1938, schien es doch den Frieden zu bewahren. Für große Gesten und machtvolles Auftreten in Ostasien wie in Europa war die Lage, verglichen mit den zwanziger Jahren, nicht besser geworden. Eine Konzentration auf die Probleme im Innern schien daher durchaus realistisch.

Der Umschlag der Stimmung kam nach dem Naziüberfall auf die Tschechoslowakei im März und der drei Wochen danach erfolgten Okkupation Albaniens durch das faschistische Italien im April 1939. Doch auf politischer Ebene waren schon zuvor die Weichen gestellt worden. Wenige Wochen nach München hatte Roosevelt den Kongreß um zusätzliche 300 Millionen Dollar für Verteidigungsmaßnahmen und im Januar 1939 um weitere 1,3 Milliarden Dollar ersucht. Zu diesem Zeitpunkt hatten bereits 80 000 jüdische Flüchtlinge aus Nazi-Deutschland Aufnahme in den USA gefunden. Doch trotz „Reichskristallnacht" und zunehmender Verfolgungen lehnten Öffentlichkeit und die meisten Politiker die Erhöhung der Einwandererquoten für deutsche Juden ab. Die Situation änderte sich mit dem Naziüberfall auf Polen am 1. September 1939. Bei aller Neutralität konnten für Roosevelt Geist und Gewissen des Landes nicht neutral bleiben, und schon bald schuf das *Cash and carry*-Gesetz die Möglichkeit, Waffen an kriegführende Mächte zu verkaufen, wenn das Material bar bezahlt und auf Schiffen der Alliierten abtransportiert wurde. Auf diese Weise sollte verhindert werden, daß das Land wie im Ersten Weltkrieg durch die Hintertür in den Krieg gezogen würde.

Angesichts der Kriegseskalation in Europa erklärte sich Roosevelt unmittelbar vor dem Beginn des Parteikonvents der

Demokraten im Juli 1940 bereit, sich für eine dritte Amtsperiode nominieren zu lassen. Das war zwar ein beispielloser Bruch mit der amerikanischen Tradition, doch es gab kaum eine Alternative selbst für Anti-*New Deal*-Demokraten. Völlig überraschend setzte sich auf dem Parteikonvent der Republikaner der Industrielle Wendell L. Willkie durch, der bislang politisch nie in Erscheinung getreten war. Er forderte größere Hilfe für Großbritannien und erlangte damit die Unterstützung der Internationalisten und des Unternehmerflügels in der Partei. Als Reaktion suchte Roosevelt eine breitere politische Basis und holte führende Republikaner in wichtige Ämter, stockte den Verteidigungsetat nochmals kräftig auf und überstellte Großbritannien 50 alte amerikanische Zerstörer, betonte aber weiterhin, er wolle die USA aus dem Krieg heraushalten. Bei den Wahlen siegte er mit rund 55% der Stimmen.

Er ging nun auf volle Unterstützung für Großbritannien, ordnete erstmals die allgemeine Wehrpflicht an, ohne daß sich die USA direkt in einem Krieg befanden, und schlug im Januar 1941 das *Lend-lease*-Gesetz zur Revision der alten *Cash and carry*-Bestimmungen vor, da Großbritannien nicht mehr über die Mittel zum Kauf des Kriegsmaterials verfügte. Mit breiter Unterstützung der Öffentlichkeit trat das Gesetz im März 1941 in Kraft und wurde nach dem Naziüberfall auf die Sowjetunion sogleich auf diese ausgedehnt. Amerikanischer Begleitschutz wurde für britische Transportschiffe angeordnet, und Grönland und Island wurden besetzt, um zu verhindern, daß sie von deutschen Truppen in Besitz genommen wurden.

Bereits jetzt war unabweisbar, daß die Nachkriegszeit andere Antworten als nach dem Ersten Weltkrieg erforderte, und als sich Mitte August 1941 Roosevelt und Churchill auf einem Kriegsschiff vor Neufundland trafen und die Atlantikcharta unterzeichneten, ging es darin nicht nur um demokratische Prinzipien, nationale Selbstbestimmung und Verurteilung von Aggression, sondern ebenso um die Prinzipien der kollektiven Sicherheit und Abrüstung.

Trotz der immer umfangreicheren Unterstützung für Großbritannien begann der Krieg für die USA nicht im Atlantik, sondern im Pazifik. Zur Wahrung der amerikanischen ökonomischen Interessen sollte der japanischen Expansion in Südostasien Einhalt geboten werden. Der Handelsvertrag mit Japan war nicht verlängert und die Ausfuhr von immer mehr kriegswichtigen Gütern nach Japan verboten worden bis zum völligen Handelsembargo gegen Japan im Sommer 1941. Daß damit angesichts sinkender japanischer Ölvorräte der Krieg unmittelbar bevorstand, wußte die amerikanische Regierung spätestens, als es ihr Ende November 1941 gelungen war, den japanischen Code zu knacken. Am 7. Dezember 1941 passierte es dann: Wellen japanischer Bomber zerstörten ohne jeden Widerstand die amerikanische Pazifikflotte in Pearl Harbor auf Hawaii und die amerikanische Luftflotte auf den nahegelegenen Luftwaffenstützpunkten.

Mit einem Mal befanden sich die Vereinigten Staaten inmitten eines globalen Krieges, ohne darauf ausreichend vorbereitet zu sein. Doch die amerikanische Kriegsmaschinerie revolutionierte innerhalb kurzer Zeit die Produktion und das Land. Die Umstellung von Friedens- auf Kriegsproduktion erfolgte mit atemberaubender Geschwindigkeit, und im Mai 1943 wurde die gesamte Wirtschaft unter die Kontrolle des *Office of War Mobilization* gestellt. Das Land war zur größten Waffenschmiede der Welt geworden und stellte allein mehr Kriegsmaterial her als alle Achsenmächte zusammen.

Was der *New Deal* nie erreicht hatte, schaffte der Krieg, nämlich die amerikanische Wirtschaft wieder auf volle Fahrt und die Arbeitslosen von der Straße zu bringen. Die Folge war eine der bedeutendsten Veränderungen in der amerikanischen Einkommensverteilung im 20. Jahrhundert; der Anteil der reichsten 5% am nationalen Gesamteinkommen ging von 26% auf 20% zurück, während der der ärmsten 40% von 13% auf 16% stieg und der Umfang der amerikanischen Mittelklasse sich verdoppelte. Doch auch in anderer Hinsicht hatte der Krieg tiefgreifende Rückwirkungen auf die amerikanische Gesellschaft. Er mobilisierte nicht nur 15 Millionen Soldaten (nahezu 11% der gesamten Bevölkerung), sondern vermutlich noch einmal ebensoviele Frauen, die in der Nähe ihrer Ehemänner und Väter oder in einer besseren Position sein wollten, um materiell für den Rest der Familie aufkommen zu können. Die Zentren der Kriegsproduktion, vor allem in den Pazifikstaaten, zogen Millionen an. Rund 6 Millionen Amerikaner verließen das ländliche Amerika, um in die Industriezentren des Mittleren Westens und an der Westküste zu ziehen. Der Krieg entwurzelte nicht nur Millionen Menschen, er machte viele offener, aber damit auch einsamer und frustrierter, und er veränderte ihre Lebensgewohnheiten und Lebensstile, nicht zuletzt dank seines fundamentalen Einflusses auf die amerikanische Kultur durch den großen Aufschwung der Massenmedien.

Das Leben der Frauen und Familien veränderte sich nachhaltig. Schließlich war ein Drittel aller Arbeitskräfte Frauen; die meisten waren verheiratet, hatten Kinder, und viele übernahmen bislang reine Männerberufe. Doch die Mehrheit der Bevölkerung lehnte die Berufstätigkeit für Ehefrauen ab und fühlte sich in ihrer Auffassung durch den Anstieg der Jugendkriminalität um das Fünffache und das Anschnellen der Ehescheidungsraten von 16 auf 27% bestätigt. Aber ungeachtet aller Diskriminierungen gab der Krieg Millionen Frauen ein neues Selbstwertgefühl und eine neue Unabhängigkeit.

Vielleicht in noch größerem Maße hatte der Krieg Türen für die Schwarzen geöffnet. Der Krieg für die Freiheit und gegen den Faschismus wurde im Innern zum Kampf gegen die Rassendiskriminierung. Nicht nur die NAACP erhielt großen Zulauf, sondern auch der 1942 gegründete *Congress of Racial Equality*. Erstmals seit der *Reconstruction* erließ die Regierung Verordnungen gegen Rassendiskriminierung. Millionen Schwarze kamen in die Städte und in die Industrie, traten in Gewerkschaften und auch in die Streitkräfte ein. Alles trug zu jenen weitreichenden Veränderungen bei, auf denen später die Bewegungen für Bürgerrechte und Rassengleichheit aufbauen konnten, auch wenn der Weg noch weit und Diskriminierungen und Rassenunruhen damit längst nicht beseitigt waren.

Zu den dunkleren Seiten zählte hingegen ab Februar 1942 die Internierung von 112 000 Amerikanern japanischer Abstammung, von denen zwei Drittel in den USA geboren waren, in Sammellagern, obwohl kein einziger von ihnen wegen Spionage, Aufruhr, Sabotage oder sonstiger Illoyalität aufgefallen war. Sie mußten Land und Häuser verkaufen und wurden zusammengepfercht – aus reinem Rassismus und aus Kriegshysterie. Erst 1982 entschuldigte sich die amerikanische Regierung offiziell bei den Opfern, und erst 1988 erhielt jeder von ihnen eine Entschädigung von je 20 000 Dollar.

Ohne auf die entscheidende militärische Rolle der Vereinigten Staaten im Zweiten Weltkrieg im Pazifik und in Europa näher einzugehen, stand für die amerikanische Regierung von Anbeginn fest, daß – anders als im Ersten Weltkrieg – in dieser Zeit die Grundlagen für eine dauerhafte und von den USA entscheidend geprägte Nachkriegsordnung gelegt werden mußten. Einiges davon hatte die Atlantikcharta bereits angesprochen. Doch darüber hinausgehend mußte aus amerikanischer Sicht nicht nur das überwältigende Wirtschaftspotential des Landes, sondern auch seine Militärkraft, gestützt auf neueste technologisch-wissenschaftliche Entwicklungen, von denen die Atombombe nur der spektakulärste Ausweis war, die Basis der neuen Ordnung sein. Angesichts dieser Zielsetzungen und gestützt auf die politische Geschlossenheit des Landes trat Roosevelt im November 1944 zur Wahl für eine vierte Amtsperiode an und gewann mit knapp 54% der Stimmen – trotz des klaren Siegs sein schwächstes Ergebnis.

Noch vor den Wahlen wurden die Grundlagen der Nachkriegsordnung in zwei entscheidenden Konferenzen gelegt, die beide – im Gegensatz zu den Kriegskonferenzen von Moskau (1942) bis Potsdam (1945) – in den USA stattfanden. Im Juli 1944 versammelten sich die Vertreter von 44 Staaten in Bretton Woods, New Hampshire, um die künftige Weltwirtschaftsordnung auszuarbeiten. Auch wenn die Sowjetunion nicht anwesend war und nicht alle amerikanischen Vorschläge in den Vertrag eingingen, war es eine von Amerika konzipierte Ordnung: Als Bedingung für den Erhalt der *Lend-lease*-Unterstützung während des Krieges verpflichteten sich die verbündeten Nationen, nach dem Krieg alle Diskriminierungen im Welthandel zu beseitigen, freien Zugang zu Märkten und Rohstoffen zu gewähren, stabile Wechselkurse zu sichern und ihre Währungen voll konvertierbar zu machen auf der Basis ihrer strikten Bindung an den Dollar. Zur Durchführung und Kontrolle der Währungsvereinbarungen wurde der *International Monetary Fund* (IMF), zur Kontrolle der Handelsvereinbarungen das *General Agreement on Tariffs and Trade* (GATT) geschaffen. Zum Wiederaufbau der kriegszerstörten Länder wurde eine *International Bank for Reconstruction and Development* eingerichtet, die heutige Weltbank, die von amerikanischem Kapital dominiert und bis in die achtziger Jahre von Amerikanern geleitet wurde. Damit hatte das amerikanische Kapital nicht nur einen beherrschenden Einfluß beim Wiederaufbau in Europa, sondern es war auch erreicht – da Kredite der Weltbank an Bedingungen geknüpft sind –, daß Schuldnerländer eine Wirtschafts- und Finanzpolitik verfolgten, die amerikanischen Kapitalinteressen nicht zuwiderlief. Mehr als jede andere Vereinbarung wurde das Bretton Woods-Abkommen zur Grundlage der *pax americana* nach 1945.

Die zweite Konferenz fand im August 1944 in Dumbarton Oaks in Washington, D.C. mit einem Folgetreffen vom 25. April bis 26. Juni 1945 in San Francisco statt. Ihre Zielrichtung war politisch-militärisch: Es sollte ein internationales Gremium zur Schlichtung von Streitfällen mit einer multinationalen Truppe zur Abschreckung von Aggressoren eingerichtet werden. Auf diese Weise sollte an die Stelle der alten *Balance of power*-Politik ein Instrument zur kollektiven Sicherheit treten. Das Ergebnis war eine von den Vereinigten Staaten anfänglich dominierte UNO, die allerdings im Zeichen des Kalten Krieges nur begrenzt jene globalen Aufgaben wahrnehmen konnte, für die sie geschaffen worden war.

IX. Vom materiellen Überfluß zur moralischen Krise (1945-1968)

Die Fixierung der ökonomischen Nachkriegsordnung war nicht zuletzt mit der Zielsetzung erfolgt, den wirtschaftlichen Aufschwung des Landes und den wachsenden Wohlstand seiner Bevölkerung nicht einer Nachkriegsrezession zu opfern.

Das Kriegsende in Europa hatte Roosevelt nicht mehr erlebt. Er war am 12. April 1945 an einem Gehirnschlag gestorben. Sein völlig unvorbereiteter Nachfolger wurde Harry S. Truman aus Missouri, den Roosevelt 1944 als Kompromißkandidaten für die Vizepräsidentschaft akzeptiert hatte. Er trat allen Widrigkeiten zum Trotz sein neues Amt entschlossen an und signalisierte nach innen wie nach außen, daß er seine eigene Linie konsequent zu verfolgen gedenke und weder gegenüber Stalin noch Japan kompromißbereit sei. Für Japan bedeutete das, nachdem das Land der Aufforderung zur bedingungslosen Kapitulation nicht nachgekommen war, den Abwurf zweier Atombomben auf Hiroshima und Nagasaki am 6. bzw. 9. August 1945. Die Vernichtungsgewalt dieser Waffe, der Hunderttausende zum Opfer fielen, erzwang am 15. August 1945 die japanische Kapitulation.

Der blutigste Krieg der Menschheitsgeschichte war zu Ende. Für Truman hieß das, neun Millionen Kriegsveteranen in wenigen Monaten wieder in Gesellschaft und Wirtschaft zu integrieren. Doch statt drohender neuer Massenarbeitslosigkeit setzte 1946 ein Wirtschaftsboom ein, denn die Umstellung von Kriegsproduktion auf Verbrauchsgüterproduktion beflügelte für das nächste Vierteljahrhundert die amerikanische Wirtschaft. Dazu beigetragen hatte die sogenannte *GI Bill of Rights* von 1944, mit deren Hilfe 2,3 Millionen ehemaliger Soldaten zwischen 1945 und 1950 studieren konnten. Die großen Unternehmensgewinne während des Krieges und die Steuersenkungen der Nachkriegszeit führten zu massiven Investitionen, die die Produktion förderten, während in Europa Unsummen in die Beseitigung der Kriegsschäden gesteckt werden mußten.

Nahezu konkurrenzlos konnte das Land billig Rohstoffe in der Welt einkaufen und Fertigprodukte exportieren.

Dennoch hatte Truman mit einer Fülle von Problemen zu kämpfen, mit Inflation und Streiks und nicht zuletzt mit einem Kongreß, der nicht bereit war, kostspielige Sozialprogramme zu finanzieren. Die Kriegsallianz mit der Sowjetunion hatte den Untergang des gemeinsamen Feindes nicht lange überlebt. Das sowjetische Streben nach einem *Cordon sanitaire* zum Schutz vor neuerlichen Aggressionen war für Truman mit den amerikanischen Kriegszielen unvereinbar, zumal das politische Klima in den Vereinigten Staaten es nicht ratsam erscheinen ließ, nachgiebig gegenüber dem Kommunismus zu sein. Während in der Sowjetunion die Besorgnis um die eigene Sicherheit angesichts der erdrückenden amerikanischen Überlegenheit wuchs, nahm in den USA eine Politik der „Eindämmung" des sowjetischen Expansionismus Gestalt an, die schon bald zu der Drohung mit Kampftruppen führte, falls sich die Sowjetunion nicht aus dem Norden des Iran zurückziehen würde. Die prinzipielle Verkündung der amerikanischen Entschlossenheit, sowjetischen Expansionismus und Kommunismus einzudämmen, folgte am 12. März 1947 mit der Truman-Doktrin, die allen Völkern Unterstützung zusagte, die durch bewaffnete Minderheiten oder äußeren Druck in ihrer Freiheit bedroht seien. Um drohende Einbrüche in die weltpolitischen Interessensphären der Vereinigten Staaten, nicht zuletzt angesichts der Stärke der kommunistischen Parteien in etlichen westeuropäischen Ländern, abzuwenden, wurde diese Doktrin wenige Monate später durch den Marshallplan ergänzt, der dem Kommunismus den Nährboden entziehen und die Weltwirtschaft beleben sollte, damit sich freie politische Institutionen entfalten könnten. 17 Milliarden Dollar kamen schließlich 16 europäischen Staaten über einen Fünfjahreszeitraum zugute, nachdem die Sowjetunion und, unter ihrem Druck, alle Staaten in ihrem Einflußgebiet die Teilnahme abgelehnt hatten.

Die Sowjetunion reagierte mit verstärktem Druck auf Mittelosteuropa, der zu den kommunistischen Machtübernahmen in den dortigen Ländern und im Februar 1948 schließlich zum Umsturz in der Tschechoslowakei führte. Als die Westmächte unter Führung der USA sowjetischen Forderungen hinsichtlich ihrer Besatzungszonen in Deutschland nicht nachkamen und hier eine Währungsreform durchführten, begann am 24. Juni 1948 die sowjetische Blockade der Westsektoren von Berlin, das sich damit über Nacht vom einstigen Hort des Nazitums in den umkämpften Vorposten westlicher Freiheit wandelte. Zwei Tage später wurde die Berliner Luftbrücke eingerichtet, mit der die Alliierten fast ein Jahr lang die eingeschlossenen Bewohner aus der Luft versorgten. Am 5. Mai 1949 erklärte Stalin plötzlich die Blockade für beendet, doch der Schaden, den sie seiner Politik zugefügt hatte, war nicht mehr gutzumachen. Die Amerikaner waren überzeugt, daß allein Festigkeit und Unnachgiebigkeit gegenüber der Sowjetunion zum Erfolg führe. Im April 1949 wurde die NATO und im Mai die Bundesrepublik gegründet. Die Sowjetunion antwortete mit der Errichtung der DDR und des Warschauer Pakts.

Längst hatte der Kalte Krieg auf Ostasien übergegriffen, wo die Amerikaner allen Erklärungen für nationales Selbstbestimmungsrecht und gegen Imperialismus zum Trotz der französischen Kolonialmacht halfen, sich wieder in Indochina zu etablieren und der Sowjetunion jedes Mitspracherecht in bezug auf Japan verweigerten, wo General Douglas MacArthur als Diktator herrschte, so daß sich die Sowjetunion mit der Südhälfte Sachalins und den Kurilen sowie mit einer Besatzungszone in Korea zufriedengeben mußte. In China hingegen war es der Truman-Regierung nicht gelungen, die korrupten und undisziplinierten Kuomintang-Truppen in eine schlagkräftige, von der Bevölkerung unterstützte Armee umzuwandeln, die den kommunistischen Einheiten Mao Tse-tungs standhalten konnte. Ende 1949 floh Chiang Kai-shek mit seinen Anhängern nach Taiwan, um dort eine Exilregierung zu errichten. Für den „Verlust" Chinas machten viele schockierte Amerikaner ihr Außenministerium verantwortlich, das angeblich den Kommunisten in die Hände gespielt und Amerikas nationale Interessen und verraten hatte.

Als wenige Monate später, am 24. Juni 1950, der Korea-krieg ausbrach, war dies für Truman nur ein neuerlicher Ausdruck der weltweiten sowjetischen Aggression, die eine entschlossene amerikanische Antwort verlangte, sollten nicht bald auch der Iran und der ganze Mittlere Osten unter sowjetische Kontrolle geraten. Bereits drei Tage später entsandte Truman amerikanische Truppen unter UN-Flagge und dem Oberbefehl des siebzigjährigen MacArthur nach Korea, wo sich der Krieg mit Trumans Zustimmung schon bald aus einer begrenzten Aktion zur Zurückdrängung des Aggressors trotz aller chinesischen Warnungen in einen sogenannten Befreiungskrieg für ein „vereintes, unabhängiges und demokratisches" Korea verwandelte, der schließlich zum Eingreifen von rund 300 000 chinesischen „Freiwilligen" führte, wonach sich die Front im wesentlichen an der vormaligen Grenze zwischen Nord- und Südkorea entlang des 38. Breitengrades stabilisierte. Truman strebte einen Verhandlungsfrieden an, während MacArthur öffentlich für einen großen Landkrieg gegen China mit Atombomben plädierte, so daß dem Präsidenten keine Wahl blieb, als MacArthur am 10. April 1951 seines Kommandos zu entheben, obwohl die amerikanische öffentliche Meinung eindeutig hinter MacArthur und seiner Forderung nach einem totalen Krieg bis zum schließlichen Sieg stand. Doch zogen sich die Waffenstillstandsverhandlungen hin und konnten erst am 26. Juli 1953 offiziell abgeschlossen werden. Aber die Militarisierung der amerikanischen Außenpolitik schlug sich nicht nur in drastisch gestiegenen Verteidigungsausgaben, in dem Abschluß eines Verteidigungsbündnisses mit Australien und Neuseeland sowie in massiver Militärhilfe für Chiang Kai-shek und den französischen Krieg in Indochina nieder, sondern auch in der Entschlossenheit, Westdeutschland wiederzubewaffnen.

Diese Militarisierung der Außenpolitik und die antikommunistische Hysterie, die sie innenpolitisch begleitete, fanden stets neue Nahrung durch tatsächlichen oder angeblichen Landesverrat aufgrund einer vermeintlichen kommunistischen Unterwanderung im eigenen Land. Anders konnten sich viele den Aufstieg der Sowjetunion zur Atommacht nicht erklären, der den Rüstungswettlauf eskalieren ließ. Schon 1938 war im Repräsentantenhaus ein „Ausschuß für unamerikanische Umtriebe" als politische Waffe gegen den *New Deal* eingerichtet worden. Was zunächst vereinzelte Ausbrüche von Intoleranz waren, entwickelte sich zur wahren Hexenjagd, die vor nichts haltmachte, Regierung, Schulen und Universitäten, Gewerkschaften u. a. erfaßte und Millionen von Amerikanern Sicherheitsüberprüfungen unterwarf. Sie zerstörte die politische Linke, diskreditierte den amerikanischen Liberalismus und unterminierte die militante Gewerkschaftsbewegung. Schweigen und politische Apathie an den Universitäten und eine rigide antikommunistische Außenpolitik waren ebenso die Folge wie die Vertagung aller innenpolitischen Reformen.

Die Furcht vor Subversion hatte jeden Bezug zur Wirklichkeit verloren und wurde in ihrer politischen Instrumentalisierung von keinem so beherrscht wie dem republikanischen Senator von Wisconsin Joseph R. McCarthy, dessen Kampagnen seit dem Beginn des Jahres 1950 vor keinem liberalen Demokraten haltmachten, um ihn als Kommunistenfreund zu diffamieren. Vor allem im Mittleren Westen, bei den mit Washington unzufriedenen Farmern, und in der unteren Arbeiterschaft, die McCarthys Abneigung gegen Privilegien und politisch-sozial Höherstehende teilte, fand sein primitiver Amerikanismus zahllose Anhänger. Für sie war McCarthy kein skrupelloser Lügner und dümmlicher Wichtigtuer, der das Leben unzähliger unschuldiger Bürger aus politischer Profitgier mutwillig zerstörte, sondern der Verteidiger des wahren Amerika. Fast fünf Jahre hielt seine Hexenjagd an, bis endlich eine Mehrheit des Senats bereit war, gegen McCarthy Stellung zu beziehen und den Bann zu brechen.

Bereits Truman hatte angesichts des Kalten Kriegs und der Kommunistenfurcht erleben müssen, wie schwer es war, sich politisch als Anwalt von Arbeiter-, Gewerkschafts- und Bürgerrechten durchzusetzen. Doch was ihm im Kongreß nicht gelang, schaffte er zur allgemeinen Überraschung 1948 bei den Wahlen, als er entgegen allen Prognosen mit 49,5% der Stimmen im Amt des Präsidenten bestätigt wurde.

Truman sah sich mit einem Mandat für umfassende soziale und ökonomische Reformen ausgestattet, das er im Anklang an Roosevelt als *Fair Deal* bezeichnete. Während er einige dieser Maßnahmen durchsetzen konnte, blockierte die Koalition aus Südstaaten-Demokraten und Republikanern alle Versuche, die Situation der Schwarzen zu verbessern. Als der Koreakrieg schließlich den weiteren materiellen Aufschwung des Landes zu verhindern schien, sank Trumans Popularitätskurve drastisch. Damit war der Weg frei für den von den Republikanern nominierten Weltkriegsgeneral Dwight D. Eisenhower, der 1952 mit 55% der Stimmen zum neuen Präsidenten gewählt wurde und mit dem rückblickend die „goldenen" fünfziger Jahre verbunden sind, in denen das Leben angeblich so leicht, das Benzin billig, die Autos groß, die Familien intakt und das Leben in den Vorstädten so angenehm war, genau wie es der Titel eines bekannten Buchs von John Kenneth Galbraith von 1958 getroffen hatte: *The Affluent Society*. Zwar waren die Erinnerungen der Wohlstandsgesellschaft selektiv, doch Eisenhower war pragmatisch genug, mit Gewerkschaften zusammenzuarbeiten, Sozialstaatsmaßnahmen mitzutragen und – mit Blick auf das Wirtschaftswachstum und die Vermeidung von Arbeitslosigkeit – von der strikten Politik des ausgeglichenen Haushalts abzugehen.

Am nachhaltigsten aber veränderte Eisenhower das Land durch seine Berufungen an den *Supreme Court*. Bereits 1953 konnte er die Stelle des Obersten Richters mit der Ernennung des populären Gouverneurs von Kalifornien, Earl Warren, neu besetzen, der dem Gericht für die folgenden 16 Jahre seinen liberalen Stempel aufdrücken sollte, dabei unterstützt von vier weiteren Neuzugängen in den Jahren zwischen 1955 und 1958. 1954 hatte das Gericht in seinem wohl berühmtesten Urteil die Rassentrennung an den Schulen für verfassungswidrig erklärt und die alte *Separate but equal*-Doktrin aufgehoben. Damit war der Startschuß für eine aktive Bürgerrechtsbewegung gefallen, in deren Verlauf die Politik der Rassentrennung, gegen den verbissenen Widerstand des Südens, schließlich verschwand und Bürger- und Wahlrechte erstmals seit 1875 wieder auf die Agenda einer Bundesregierung gelangten. Zugleich waren die Schwarzen ermutigt, mit noch größerem Nachdruck als bisher ihre Rechte einzufordern, wofür der Busstreik in Montgomery, Alabama, von 1955/56 ein erstes, weithin beachtetes Fanal setzte.

Mit diesem Streik hatten die Schwarzen im Süden nicht nur ein neues Bewußtsein der Stärke und des Selbstwertgefühls gewonnen, er beendete auch den von Weißen genährten Mythos, daß die Schwarzen die Segregation schätzten. Er bestätigte ferner die Schwarzen darin, daß soziale Veränderungen möglich waren, und er gab Amerika mit Martin Luther King einen Schwarzenführer, dessen Reden sowohl die Entschlossenheit der Schwarzen anspornen wie das Gewissen der Weißen rühren konnten. Seine Aufforderung zum zivilen Ungehorsam verband das Prinzip des gewaltlosen Widerstands eines Gandhi oder Thoreau mit dem christlichen Evangelium für eine neue Welt der Brüderlichkeit und Liebe. Der Kampf der Schwarzen beflügelte auch andere ethnische Minderheiten, konnte aber nicht verhindern, daß die amerikanischen Innenstädte als Brutstätten von Armut, Hoffnungslosigkeit, Gewalttätigkeit, Kriminalität und Drogen zur sozialen Wüste inmitten der Wohlstandsgesellschaft verkamen, der ein ständig wohlhabender werdender Mittelstand entfloh. Mit seinem sozialen Konformismus, der sich im Zeichen ungebrochenen Konsumrauschs immer lähmender über das Land ausbreitete, verkörperte er jene „schweigende Generation", die in ihrem Konservatismus nachdrücklich am Konsens orientiert war, vor abweichenden Meinungen erschreckt zurückwich und für die Familie und Häuslichkeit hoch oben auf der Werteskala standen, was sich nicht zuletzt im Babyboom ausdrückte.

Kein zweiter Politiker schien wie Eisenhower die Sehnsüchte und Normen dieser Zeit zu verkörpern, und so überraschte es nicht, als er 1956 gegen den erneut antretenden liberalen Demokraten Adlai E. Stevenson mit 58% der Stimmen im Amt bestätigt wurde. Doch der Einfluß der militärisch-industriellen Macht im Land warf schließlich zumindest ebensoviele Fragen auf wie die außenpolitische Entwicklung. Zwar

109

hatte Eisenhower in seiner Amtszeit Amerika den Frieden bewahrt und versucht, die Spannungen mit der Sowjetunion abzubauen, aber den Bündnisring um sie geschlossen und die Ausdehnung des Kommunismus in Asien verhindert. Doch die Probleme der Dritten Welt hatte er nicht verstanden und das Abdriften Kubas in das kommunistische Lager unter Fidel Castro nach 1959 nicht zu verhindern gewußt.

Bereits zuvor hatte das Land einen nationalen Schock erfahren, als am 4. Oktober 1957 die Sowjetunion ihren ersten künstlichen Satelliten, den *Sputnik,* erfolgreich in eine Erdumlaufbahn schoß. Eine riesige Lücke in der Raketenforschung und -entwicklung schien sich aufzutun. So wurden Hals über Kopf Milliardensummen in das amerikanische Raumfahrtprogramm und in das Erziehungswesen, zumal auf der Ebene der Universitäten, gesteckt, um wissenschaftlich-technologisch nicht auf den zweiten Platz zurückzufallen.

Die damit verbundenen Herausforderungen machte John F. Kennedy zu seinem eigentlichen Programm. Er hatte 1960 als erster Katholik die Präsidentschaftswahlen äußerst knapp gegen den amtierenden Vizepräsidenten Richard M. Nixon gewonnen, da der gutaussehende Dreiundvierzigjährige aus reicher Neuenglandfamilie Tatkraft, Hingabe und Phantasie des jugendlichen Amerika glaubhaft zu verkörpern wußte. Kennedy wollte Entschlossenheit und Stärke ausstrahlen, an die individuelle Leistungsbereitschaft appellieren und durch ein umfangreiches Beratergremium führender Intellektueller des Landes den geistigen und kulturellen Führungsanspruch seiner Regierung unterstreichen. Diese zur Schau gestellte Dynamik und Innovationsbereitschaft, die schwungvoll unter dem Slogan *New Frontier* als Nachfolger von *New Deal* und *Fair Deal* verkündet worden war, hatte jedoch kaum Konsequenzen. Es gab keine *New Frontier*-Gesetzgebung, die dem vergleichbar gewesen wäre, was Roosevelt und Truman auf den Weg gebracht hatten, denn angesichts seines schwachen Volksmandates setzte sich im Kongreß rasch jene konservative Allianz aus Republikanern und Südstaaten-Demokraten durch, die jede Reformgesetzgebung blockieren konnte. So wies der Kongreß die liberalen Initiativen des Präsidenten zurück, die Armut im Land zu bekämpfen, weitere Bundesmittel für Erziehung und Ausbildung bereitzustellen und eine medizinische Altersfürsorge im Rahmen der Sozialversicherung einzuführen. Selbst die bescheidenen Ansätze zur Erhöhung des Mindestlohns, zur Förderung des öffentlichen Nahverkehrs und Eigenheimbaus, zur Strukturverbesserung verarmter Regionen und zur Förderung beruflicher Qualifikationen wurden vom Kongreß verwässert.

Statt kämpferisch für sein Programm einzutreten, um Widerstände zu überwinden, verlegte sich Kennedy auf die Förderung der erlahmten Wirtschaft mittels privater Investitionen und insbesondere durch einen gewaltig aufgestockten Verteidigungshaushalt, einschließlich des Raumfahrtprogramms. Liberale Kritiker wandten ein, daß auf diese Weise die Reichen nur reicher würden, während sich erhebliche Versäumnisse im Bereich der Sozialgesetzgebung zeigten und der Präsident in Fragen der Bürgerrechte völlig tatenlos sei. Tatsächlich glaubte Kennedy, auf die Weißen im Süden Rücksicht nehmen zu müssen, um seine Wiederwahl nicht zu gefährden. Dabei hatte die schwarze Bürgerrechtsbewegung durch *Sit-ins*, *Freedom rides* und andere Maßnahmen den Schwarzen immer mehr Auftrieb und zunehmende Gewißheit gegeben, daß sie die Macht hatten, ihr Schicksal zu verändern, während zugleich die Nation tagtäglich den rassistischen Terror im Süden, der selbst vor Frauen und Kindern nicht haltmachte, im Fernsehen verfolgen konnte. Endlich war das Gewissen des Landes wachgerüttelt und zwang Kennedy zum Handeln. Doch das dem Kongreß im Juni 1963 vorgelegte umfangreiche Bürgerrechtsgesetz blieb trotz aller Unterstützung durch Liberale und Schwarze liegen, weil keines der beiden Häuser einen Handlungsbedarf sah.

Die bessere Welt, die Kennedy im Innern propagierte und für deren Verwirklichung er so wenig erreichte, sollte auch außerhalb Amerikas entstehen – dank militärischer Stärke gegenüber dem Kommunismus und einer „friedlichen Revolution" zur Überwindung von Hunger, Hoffnungslosigkeit und

Elend in der Dritten Welt. Mehrere Programme wurden ins Leben gerufen, darunter das „Friedenscorps" – das Vorbild für den Deutschen Entwicklungsdienst – und die auf Lateinamerika nach dem Muster des Marshallplans ausgerichtete „Allianz für den Fortschritt". So idealistisch vieles auch gemeint war, blieb das Erreichte, zumal im letzteren Fall, eher dürftig.

Nicht nur friedliche Mittel kennzeichneten Kennedys Außenpolitik. Von Eisenhower hatte er den Plan übernommen, mit Hilfe von 1500 kubanischen Exilanten in Abstimmung mit der CIA und unterstützt durch den amerikanischen Generalstab im Frühjahr 1961 eine Invasion in der Schweinebucht auf Kuba durchzuführen, die das Fanal zum kubanischen Aufstand gegen Castro werden sollte. Statt dessen wurde sie ein Debakel; doch damit dieses nicht als Zeichen der Schwäche interpretiert werden konnte, griff Kennedy in Zukunft erst recht in kubanische Angelegenheiten ein und unterstützte Pläne der CIA zur Ermordung Castros.

Noch bevor es in Kuba zur großen Krise kam, erfolgte im Sommer 1961 ein Abtasten der gegenseitigen Positionen, als die Sowjetunion den Abzug der amerikanischen Truppen aus Berlin und Deutschland forderte und anderenfalls mit Krieg drohte. Kennedy erklärte die Verteidigung von Westberlin für unverzichtbar für die Freie Welt, berief 150 000 Reservisten ein und ersuchte den Kongreß um eine Aufstockung des Verteidungshaushalts um 3 Milliarden Dollar. Überall im Land sollten Atombunker angelegt werden. Statt des Atomkriegs erfolgte am 13. August 1961 der Bau der Berliner Mauer, um den dramatischen Flüchtlingsstrom aus der DDR zu beenden. Die USA nahmen die Abriegelung als interne Maßnahme hin. Aber die Mauer blieb fast dreißig Jahre lang das monströse Symbol des kommunistischen Versagens und der Verweigerung elementarer persönlicher Freiheitsrechte.

Die Sowjets hatten erfahren, daß sich der amerikanische Präsident so rasch nicht einschüchtern lassen, vielmehr bei hohem Risiko zum Handeln entschlossen bleiben würde, wie es die Kubakrise erneut bestätigte. Am 22. Oktober 1962 hatte Kennedy eine ahnungslose Nation von der „heimlichen, rücksichtslosen und provokativen Bedrohung des Weltfriedens" durch die sowjetischen Raketeninstallationen auf Kuba unterrichtet, die die USA nicht hinnehmen könnten. Truppen wurden nach Florida beordert und eine Seeblockade über Kuba verhängt. Jedes Schiff mit dem Ziel Kuba müsse sich und seine Ladung durch die US-Marine inspizieren lassen. Die Raketenrampen auf Kuba müßten abgebaut und abtransportiert werden, anderenfalls würden die USA sie zerstören. Noch bevor es zur ersten direkten Konfrontation kam, lenkten die Sowjets ein, und auf beiden Seiten behielten die Besonnenen die Oberhand; die Raketen wurden abgebaut, und die Amerikaner erklärten ihren Verzicht auf eine Invasion Kubas. Obwohl Kennedys Behandlung der Krise als persönliche Herausforderung leicht zur Katastrophe hätte führen können, hatte im letzten Augenblick die Vernunft gesiegt.

Auch wenn die Ost-West-Beziehungen sich nach der Kubakrise etwas entspannten, blieben die Militarisierung der amerikanisch-sowjetischen Beziehungen ebenso wie der Rüstungswettlauf und der Kampf um die Vorherrschaft in der Dritten Welt bestehen. Ihr Hauptschauplatz wurde zunehmend Vietnam, wo die seit 1954 im Süden amtierende prowestliche Regierung angesichts ihres fehlenden Rückhalts in der Bevölkerung immer stärker unter Druck geraten war. Daran vermochten weder die von Kennedy veranlaßte materielle Hilfe noch 16 000 amerikanische Militärberater etwas zu ändern. Selbst der am 1. November 1963 mit amerikanischer Billigung durchgeführte Militärputsch brachte keine Entlastung. Zwar war Kennedy immer noch nicht bereit, einen Krieg für die Südvietnamesen zu führen. Aber er hatte auch nie einen Zweifel daran gelassen, daß gemäß der Dominotheorie der Kommunismus in Südostasien eingedämmt werden müsse. Alle seine militärischen Berater waren überzeugt, daß dafür ein amerikanischer Sieg in Vietnam die Voraussetzung sei.

Der Kennedy-Mythos begann am 22. November 1963, als der Präsident im offenen Wagen in Dallas, Texas, durch die jubelnde Menge fuhr und plötzlich von mehreren Schüssen tödlich getroffen wurde. Bis heute sind die Umstände dieses Anschlags nicht zweifelsfrei geklärt worden und haben stets Anlaß zu neuen Spekulationen gegeben. Die Nation war auf das tiefste erschüttert. Mit einem Mal erschien alles, was Kennedy an Ideen, Phantasie und Erwartungen geweckt hatte, Realität gewesen zu sein, die nun wie eine Seifenblase zerplatzt war. Nur zu gerne wurde vergessen, daß vieles reine Rhetorik geblieben war. Kennedys plötzlicher Tod ließ das Bild eines heldenhaften, potentiell großen Präsidenten, der die Hoffnung einer ganzen Generation verkörpert und Amerika zu neuen Ufern geführt hätte, um so heller erstrahlen und darüber vergessen, daß er nur ein Drittel seiner Gesetzesprojekte tatsächlich durch den Kongreß gebracht hatte und daß er stets vom Frieden gesprochen und dennoch die Welt um Haaresbreite an der Apokalypse vorbeigeführt und mehr als jeder andere Präsident in Friedenszeiten das Land aufgerüstet hatte.

Den Ostküsten-Liberalen, deren Idol der intellektuelle, urbane, elegante und kultivierte Kennedy gewesen war, erschien sein Nachfolger Lyndon B. Johnson als der ungehobelte Hinterwäldler aus dem fernen Texas, ausgerechnet jenem Staat, in dem Kennedy ermordet worden war, dem sie mit Mißtrauen und Ablehnung begegneten. Doch dieser erste Präsident aus dem Süden seit nahezu 100 Jahren verfügte über Fähigkeiten und *Leadership*, die die Wunden relativ bald heilen ließen. Kein zweiter Präsident verfügte bei seinem Amtsantritt über größere politische Erfahrung in Washington und über detailliertere Kenntnis des Funktionierens des amerikanischen Regierungsapparates als Johnson. Kein anderer verband eine so ungebrochene Energie mit einer politischen Überzeugungskraft, der es immer wieder gelang, Verbündete auf seine Linie zu bringen, Gegner zu neutralisieren, Kompromisse zwischen gegensätzlichen Interessen auszuhandeln und die Zustimmung des Kongresses für seine Vorschläge zu gewinnen.

Johnson nutzte die Gunst des Augenblicks, um den Kongreß im Gedenken an Kennedy zu veranlassen, das Gesetz zur Senkung der Einkommenssteuer und das Bürgerrechtsgesetz zu verabschieden. Das erste war relativ rasch erreicht und führte zu der erhofften wirtschaftlichen Belebung und der Senkung der Arbeitslosenzahlen. Sehr viel schwieriger war die Durchsetzung des Bürgerrechtsgesetzes, bei dem Johnson erst nach zähen Verhandlungen den Widerstand des Südens überwinden konnte und im Juni 1964 das weitreichendste Gesetz dieser Art seit der *Reconstruction* erreichte. Zugleich wurde eine *Equal Employment Opportunity Commission* (EEOC) eingesetzt, um Diskriminierungen aufgrund von Rasse, Religion, nationaler Herkunft und Geschlecht zu beenden.

Seine umfassendste innenpolitische Initiative galt dem „bedingungslosen Krieg gegen die Armut in Amerika", deren Opfer mit Hilfe einer Vielzahl von Bildungs-, Umschulungs- und Qualifizierungsprogrammen, dem *Economic Opportunity Act* und weiteren unterstützenden Maßnahmen, von denen einige bereits Kennedy angeregt hatte, wieder in das Mittelstandsleben eingegliedert werden sollten. Eine Art innerer Entwicklungshilfedienst in den Armutsgebieten gehörte ebenso dazu wie eine obligatorische Vorschulerziehung für Kinder aus benachteiligten Familien. Dieses gewaltige Bündel von Sozialreformen, von der Gesundheit über Erziehung und Umwelt bis zur Rassengleichheit, verdichtete sich zu Johnsons Vision der „Großen Gesellschaft", die Armut und Rassismus ein Ende bereiten sollte und die neben konkreten materiellen Verbesserungen der Lebensgrundlage der Armen über die geistige Dimension der intellektuellen wie kulturellen Bereicherung des amerikanischen Lebens verfügte.

Mit dieser Vision der *Great Society* ging Johnson 1964 in den Wahlkampf gegen den von den Republikanern in einer Koalition der Unzufriedenen nominierten ultrakonservativen Senator von Arizona, Barry Goldwater. Die Weichen waren für eine Neuauflage des Kampfes des modernen, vorwärtsgewandten Amerika gegen das verängstigte, rückwärtsblickende Amerika gestellt. Goldwater machte kein Hehl daraus, daß er ebenso gegen das Bürgerrechtsgesetz war wie seinerzeit gegen den Senatstadel für Joseph McCarthy. Er versprach, die progressive Einkommenssteuer und die *Tennessee Valley Authority* abzuschaffen, den Einfluß der Gewerkschaften zurückzudrängen und die Sozialversicherung als Pflichtversicherung zu streichen. Wenn Kuba und Vietnam sich weiter uneinsichtig gegenüber amerikanischer Politik zeigten, sollten notfalls Atombomben gegen sie eingesetzt werden. Dem liberalen Amerika fiel es leicht, Goldwater als schießwütigen Extremisten abzustempeln. Johnson siegte zwar mit überwältigender Mehrheit, doch Goldwater erhielt nahezu 40% der abgegebenen Stimmen, ein Indiz, daß er für einen erheblichen Teil der Bevölkerung keineswegs als krasser Außenseiter und unverantwortlicher, reaktionärer Desperado galt. Inmitten des größten Wahlsiegs, den das liberale Amerika seit Thomas Jefferson errungen hatte, manifestierte sich unzweideutig die Stärke des amerikanischen Konservatismus, der bereits erkennen ließ, daß sich viele Teile der amerikanischen Bevölkerung, vor allem im Süden und Westen, aus einer Politik verabschiedet hatten, deren innere Rationalität weitgehend, wenn nicht von Europa, so doch von in Europa entwickelten Kriterien vorgegeben war. Diese schleichende Erosion der geistig-politischen Verbindungen Amerikas mit Europa ist als Merkmal amerikanischer Politik in den letzten Jahrzehnten zunehmend sichtbarer geworden – und dennoch in Europa bislang kaum beachtet worden. Sie geht einher mit der Verschiebung des Bevölkerungs- und Wirtschaftsschwerpunktes vom Norden und Osten nach Süden und Westen, mit der Verlagerung der Handelsströme – bei denen Ostasien als wichtigster amerikanischer Handelsraum Europa längst den Rang abgelaufen hat –, dem zunehmenden Gewicht des lateinamerikanischen Marktes und schließlich mit den Veränderungen in der ethnischen Zusammensetzung der amerikanischen Bevölkerung. Bereits seit geraumer Zeit ist Los Angeles das größte Einwanderungstor in die Vereinigten Staaten, und als Folge des Einwanderungsgesetzes von 1965 kommen seither über 80% der Einwanderer aus Asien und Lateinamerika und nicht, wie noch 1965, aus Europa. Bei Goldwater sprach man von einem *South western patriotism*. Was immer damit ausgedrückt sein sollte, es war nicht die Sichtweise, in deren Zentrum sich der Nordatlantik befindet.

Johnson überschüttete sogleich nach der Wahl den Kongreß mit einer bislang ungekannten Flut von Gesetzesprojekten zur Ausgestaltung der *Great Society,* und er bekam fast alles, was er wollte. So wurde erstmals in der amerikanischen Geschichte ein umfassendes Hilfsprogramm für die Elementar- und Sekundärerziehung verabschiedet. Das *Voting Rights Act* suspendierte Rechtschreibetests und ermächtigte Bundesbeauftragte, die Registrierung der Wähler vorzunehmen. Mit dem *Medical Care Act* wurden eine Krankenversicherung für ältere Menschen *(Medicare)* und die kostenlose Gesundheitsvorsorge für Sozialhilfeempfänger *(Medicaid)* aus Bundesmitteln eingeführt. Milliarden flossen in den sozialen Wohnungsbau und das Wohngeld. Das Einwanderungsgesetz von 1965 hob das diskriminierende Quotensystem von 1924 auf und liberalisierte die Einwanderung. Es wurden Maßnahmen zur Verbesserung der Infrastruktur und Entwicklung der Appalachen-Region, dem Armenhaus der Nation, ergriffen und Gelder für bedürftige Collegestudenten sowie für Bibliotheken und Forschungseinrichtungen bereitgestellt. Gesetze zur Reinhaltung von Luft und Wasser wurden verabschiedet und neue Ministerien errichtet, darunter das *Department of Housing and Urban Development,* an dessen Spitze Robert Weaver berufen wurde, der erste schwarze Minister in der Geschichte der USA. Nicht alle diese Programme und Initiativen waren ausgefeilt und hinreichend durchdacht, so daß etliche bereits bald wieder aufgegeben werden mußten. Doch was blieb, hat viele Hoffnungen erfüllt und das amerikanische Leben seither nachhaltig verändert; für Konservative verkörpert es bis heute die schlimmsten Auswüchse des politischen Systems, die allesamt wieder abgeschafft werden müßten. Daß nicht alles reifte, lag nicht zuletzt am Engagement in Vietnam. Mit ihm wurde die Hoffnung, die Armut in den USA zu beenden und allen eine berufliche Chance zu geben, zunichte gemacht. 1966 gab die Regierung zwanzig Mal so viel Geld für den Krieg in Vietnam wie für den Krieg gegen die Armut aus. Der amerikanische

Konsens und die Hoffnungen der Armen zerrannen und führten zu Wellen schwarzer Militanz in den Ghettos und Städten, zur Verunsicherung der Weißen und zur Entfremdung der Liberalen und der Jugend von Johnson. Als bei den Halbzeitwahlen 1966 die Demokraten 47 Sitze im Repräsentantenhaus einbüßten, war das Schicksal der *Great Society* besiegelt.

Zwar blieb der *Supreme Court* auch in diesen Jahren ein standhaftes Bollwerk des Liberalismus mit einer Fülle weitreichender Urteile, die das Land offener, toleranter und moderner machten, und das *Voting Rights Act* und die Abschaffung der Wahlsteuer ließen Millionen von Schwarzen im Süden seither von ihrem Wahlrecht Gebrauch machen. Doch Armut, Arbeits- und Hoffnungslosigkeit in den schwarzen Ghettos waren nicht beendet. Sommer für Sommer kam es in einer zunehmenden Zahl amerikanischer Städte zu Rassenunruhen. Für die extreme Rechte waren dies Indizien der kommunistischen Verschwörung, für Konservative Zeichen sinnloser Gewalt zum Schaden aller, aber für die militanten Schwarzen eine neue, revolutionäre Kraft zur Überwindung der rassistischen, reaktionären Gesellschaft. Die Regierung blieb aus Furcht vor der weißen Reaktion weitgehend untätig, nicht so jedoch die *Black Power*-Bewegung, deren Entstehung vor allem mit Malcolm X verbunden war, der weniger eine kohärente Ideologie predigte, als aus Wut und Frustration die gewaltlose, auf Integration zielende Politik Martin Luther Kings verwarf. Er plädierte für den Stolz auf die eigene Rasse, für Selbstachtung und -verteidigung, aber auch für die gewaltsame Erringung der Freiheit. Nach seiner Ermordung im Februar 1965 radikalisierte sich die Bewegung weiter, was 1967 zur Gründung der *Black Panther*-Partei führte, die den Rassen- und Klassenkampf propagierte und durch Gewalttätigkeit auf sich aufmerksam machte. Bleibender als sie war generell die Stärkung des schwarzen Selbstbewußtseins *(„Black is beautiful")* und die Rückbesinnung auf die afroamerikanischen Wurzeln als Quelle neuer Lebenskraft.

Die *Black Power*-Bewegung griff auf die Indianer über und trug dazu bei, daß die Mittel im Kampf gegen die Armut auf sie ausgedehnt wurden. Auch die Mexiko-Amerikaner, die sogenannten Chicanos, und andere nahmen die Parolen auf und kämpften entschlossener für ihre Rechte und gegen Diskriminierung und Rassismus.

Dem schlossen sich die Frauen an, von denen inzwischen 40% einem Ganztagsberuf nachgingen und die meist nicht mehr Haushalt und Familie als Ideal der Selbsterfüllung begriffen. 1966 wurde die *National Organization for Women* (NOW) gegründet, um auf die sozialen Ursachen ihrer Diskriminierung und die zu ihrer Beseitigung erforderlichen politischen Lösungen aufmerksam zu machen.

Nicht nur die wachsende Militanz der Frauen, der Chicanos, Indianer und Schwarzen unterminierte Johnsons Streben nach Konsens, sondern mehr als alles andere der Vietnamkrieg. Obwohl selbst wenig an dem Krieg interessiert, der seinen Traum von der *Great Society* zu zerstören drohte, war er dennoch nicht bereit, der Aggression nachzugeben und als jener Präsident in die Geschichte einzugehen, der Südostasien an den Kommunismus verloren hatte. Entschlossenheit und massives Auftreten sollten Ho Chi Minh rasch an den Verhandlungstisch bringen. Anfang August 1964 verkündete Johnson, nordvietnamesische Patrouillenboote hätten zwei amerikanische Kriegsschiffe im Golf von Tonkin unprovoziert angegriffen, und forderte den Kongreß auf, ihn zu allen Maßnahmen zu ermächtigen, um jeden weiteren Angriff auf amerikanische Truppen abwehren zu können. Der Senat billigte diese „Tonkin-Golf"-Resolution mit 88 zu 2, das Repräsentantenhaus mit 416 zu 0 Stimmen. Damit hatte Johnson Goldwater ausgestochen, der ihm nun nicht mehr Zaghaftigkeit oder Feigheit in Vietnam vorwerfen konnte, und er hatte zugleich einen Blankoscheck in der Hand, mit dem er Truppen und Material in Vietnam nach eigenem Gutdünken einsetzen konnte. Die Eskalierung des Vietnamkrieges mit immer mehr Bomben und Soldaten begann. Ende 1967 waren es nahezu eine halbe Million Mann geworden. Längst war der Krieg zu einem amerikanischen Krieg geworden, und in den USA war die allgemeine Wehrpflicht wieder eingeführt. Doch kein Sieg war in Sicht, und der Sinn des Krieges erschien einer zunehmenden Zahl von Amerikanern immer fragwürdiger. Ab Frühjahr 1965 kam es zu ersten, meist von Studenten getragenen Protesten, denen sich im folgenden Jahr führende Intellektuelle, Vertreter der Kirchen und liberale Demokraten anschlossen. Immer mehr wiesen darauf hin, daß die amerikanischen Unterschichten gleich mehrfach den Krieg bezahlten. Mehr noch als sie dürfte das Fernsehen mit seinen ständig übertragenen Bildern des Krieges im Dschungel bewirkt haben, daß die Unterstützung für den Krieg in der Bevölkerung nachließ und die wachsende Unpopularität des Krieges die Gesellschaft schließlich so tief spaltete wie seit dem Bürgerkrieg nicht mehr. Johnson wurde zum Gefangenen seiner eigenen Politik, dem letztlich keine andere Wahl blieb, als am 31. März 1968 zu erklären, daß er nicht für eine neue Amtszeit kandidieren werde.

X. Eine unvollendete Reise? (1968-1995)

Die Überschrift möchte nicht nur an ein bekanntes Werk zur amerikanischen Geschichte seit 1945 erinnern, indirekt ist damit vielmehr gefragt, ob die Vereinigten Staaten eine noch nicht erfüllte Mission haben oder ob die Widersprüchlichkeiten dieses Landes inzwischen derart bestimmend geworden sind, daß sie das Bild der Reise selbst in Frage stellen.

Diese Verwerfungen haben das Land nach dem Mord von Dallas, unterbrochen durch eine kurze Erholung 1964/65, in eine Krise geführt, die zur Krise der politischen Moral, der politischen Grundwerte des Landes und der Glaubwürdigkeit ihrer führenden Politiker wurde. Eine der Wurzeln dieser offenbar gewordenen Sinnkrise führt in die Jugendbewegung. Zwischen 1960 und 1970 hatte sich die Zahl der Studenten von vier auf acht Millionen verdoppelt, mit einer wachsenden Minderheit von meist aus sozial gut situierten Verhältnissen stammenden Studenten der geisteswissenschaftlichen Fächer an den Prestigeuniversitäten des Landes, die aus den die Persönlichkeit einengenden Zwängen und Formalismen der bürgerlichen Erwerbswelt ausbrachen und sich häufig voller Idealismus an der Bürgerrechtsbewegung beteiligten, um die Welt getreu Kennedys Appell zu verändern. Doch die Eskalierung des Vietnamkrieges hatte sie dem politischen *Mainstream* entfremdet.

Der entscheidende Anstoß war vom *Berkeley Free Speech Movement* Ende 1964 ausgegangen, bei dem sich ein Protest gegen lokale konservative und rassistische Gegner der Bürgerrechtsbewegung zur Sinnfrage akademischen Lebens und Lernens ausweitete. An die Stelle von unpersönlicher Universitätsbürokratie, Reglementierungen und seelenloser Lernmaschine sollten ein humanistisches Bildungsumfeld, eine offene Gesellschaft und politische Betätigungsfreiheit treten. Rasch hatte die Bewegung auf andere Universitäten und schließlich auch auf Europa übergegriffen.

Was als begrenzter sozialreformerischer Studentenprotest begonnen hatte, entwickelte sich unter dem Eindruck der Eskalation des Vietnamkrieges zur universitären Massenbewegung, zumal als die Regierung 1966 die Zurückstellung der Studenten von der Wehrpflicht aufhob. Im Frühjahr 1968 beteiligten sich über 40 000 Studenten an über 100 Universitäten an Demonstrationen gegen Krieg und Rassismus. Immer öfter verbrannten Studenten öffentlich ihre Einberufungsbescheide. Die teilweise gewaltsamen Auseinandersetzungen mit der Polizei häuften sich so, daß das verschreckte Establishment vor der Gefahr eines revolutionären Umsturzes warnte. Doch die Mehrzahl der Antikriegsdemonstrationen blieb friedlich, so auch der *March against Death* in Washington im November 1969 mit seinen mehr als 300 000 Teilnehmern.

Den Höhepunkt der Gewalt brachte das Jahr 1970, doch es war staatliche Gewalt, die zugleich das Ende des massiven studentischen Protestes markieren sollte. Als Johnsons Nachfolger, Richard M. Nixon, am 30. April 1970 die Ausweitung des Krieges durch den Einmarsch amerikanischer Truppen in Kambodscha bekanntgab, schien das Kriegsende in weite Ferne gerückt zu sein. Dadurch erhielt die Unruhe an den Universitäten, darunter auch an der Kent State University in Ohio, neue Nahrung. Die Staatsregierung reagierte mit der Entsendung von 3000 Nationalgardisten, die bei der nächsten friedlichen Demonstration ebenso grund- wie wahllos auf die Studenten schossen und vier von ihnen töteten. So erschreckend es sein mochte, wie sehr der Krieg sowohl die staatliche als auch die individuelle Gewaltbereitschaft im Land erhöht und zum moralischen Niedergang beigetragen hatte, signalisierten die Ereignisse von Kent State doch das Ende der Antikriegsdemonstrationen wie der ganzen *New Left*. Kleinere Gruppen radikalisierten sich und gingen teilweise in den Untergrund, andere schlossen sich der Frauen- oder der Ökologiebewegung an, während große Teile der Mittelschicht, einschließlich der *Blue-collar workers*, nach rechts abdrifteten.

Die Erkenntnis, den Krieg nicht beenden zu können, hatte zu einer Mischung aus Frustration und Entfremdung geführt, aus der heraus sich viele Jugendliche neuen Lebensstilen zuwandten, die man bald unter dem Begriff der *Counter culture* zusammenfaßte, von denen die *Hippies* oder „Blumenkinder" mit ihrem unbekümmerten Leben nach eigenen Wünschen und Freiheiten jenseits der Schranken bürgerlicher Moralvorstellungen als idealistisches, doch apolitisches Spiegelbild der Bürgerrechtsbewegung besondere Aufmerksamkeit erregten.

Mit den siebziger Jahren war eine neue Generation mit anderen Zielsetzungen herangewachsen, die am ehesten noch die sexuelle Revolution der sechziger Jahre übernahm. Sexuelle Freizügigkeit wurde zum Schrecken aller selbsternannten Moralapostel zum Bestandteil der Gesellschaft – 1970 fielen die letzten Beschränkungen für den Vertrieb von pornographischem Material für Erwachsene –, und der Gebrauch von empfängnisverhütenden Mitteln verbreitete sich immer mehr. Dennoch stieg die Zahl der Abtreibungen, so daß der *Supreme Court* im Fall *Roe vs. Wade* 1973 alle noch bestehenden Beschränkungen durch einzelstaatliche Gesetze bezüglich des Rechts auf Abtreibung innerhalb der ersten drei Schwangerschaftsmonate für verfassungswidrig erklärte. Aber auch die Scheidungsrate verdoppelte sich annähernd in den siebziger Jahren, und damit einhergehend der vor- und außereheliche Geschlechtsverkehr, während zugleich die Homosexualität ihre Tabuisierung und Marginalisierung verlor. Was den einen als Befreiung erschien, war für die anderen Ausdruck des unaufhaltsamen Niedergangs traditioneller sozialer und moralischer Grundwerte, wodurch sich weitere Massen vom politischen Liberalismus abwandten und in das konservative, republikanische Lager als dem vermeintlichen Retter des traditionellen Amerika überschwenkten.

Dieser soziokulturelle Umbruch kennzeichnete den Wahlkampf von 1968 und bewirkte die nachhaltigste Neuorientierung der amerikanischen Politik seit dem *New Deal*. Angesichts der politischen Herausforderung in der eigenen Partei wie der militärischen in Vietnam, die den Glauben an den bevorstehenden Sieg zerstörten und seine Popularitätskurve abstürzen ließen, verzichtete Johnson auf eine erneute Kandidatur. In dem sich anschließenden Wahlkampf der Frustrationen, in den die Ermordungen Martin Luther Kings und Robert Kennedys sowie erneute Wellen der Gewalt und der Rassenunruhen fielen, setzte sich Richard M. Nixon mit 43,4% der Stimmen gegen den amtierenden Vizepräsidenten Hubert H. Humphrey und den rassistischen, ultrarechten Gouverneur von Alabama, George Wallace, durch. Obwohl das Ergebnis im Wahlmännergremium das knappste seit 1916 war, hatten Nixon und Wallace zusammen 57% der Stimmen und alle Staaten des Südens und Westens (außer Texas, Washington und Hawaii) gewonnen und damit jene Basis gelegt, die die amerikanische Politik seither so nachhaltig prägt. Es war mehr als eine populistische Revolte jener Amerikaner, die den Mittelklassestatus erreicht hatten und sich nun gegen das liberale Ostküsten-Establishment und dessen reformerische Politik wandten, in der sie eine Gefährdung ihrer eigenen Position zugunsten der sozial Benachteiligten erblickten. Es war die moralische Krise des Landes, die den virulenten konservativen Grundströmungen nachhaltig Auftrieb gab.

Ungeachtet dieser Krise wandte sich Nixon, unterstützt durch seinen Sicherheitsberater Henry Kissinger, zunächst der Außenpolitik in der Hoffnung zu, den Krieg in Vietnam beenden und dank des sowjetisch-chinesischen Gegensatzes eine Phase der Entspannung mit Moskau erreichen zu können. Die Politik der Vietnamisierung des Kriegs, also der Ersetzung amerikanischer durch südvietnamesische Kampfeinheiten, bei gleichzeitiger Reduzierung der eigenen Truppenstärke – 1972 waren es noch 30000 Mann – sollte diesem Ziel ebenso dienen wie, als Zeichen amerikanischer Entschlossenheit, die massive Bombardierung Nordvietnams und die Destabilisierung Kambodschas. Erst Ende Januar 1973 konnte in Paris ein Friedensabkommen unterzeichnet werden.

Amerikas längster Krieg war zu Ende. Er hatte über 58000 Amerikaner das Leben gekostet. Doch das Trauma eines moralisch immer zweifelhafter gewordenen und nicht gewonnenen Krieges blieb, der das Land zunehmend gelähmt hatte. Nun wollte man nur noch vergessen, und das traf als erste jene, die dort gekämpft hatten und in ein Land zurückkehrten, das sie nicht verstehen wollte und das sie nicht mehr begreifen konnten. Der Friede war nicht zuletzt möglich geworden, weil es Nixon Anfang 1972 gelungen war, das Verhältnis zu China auf eine neue Basis zu stellen und die mehr als zwanzigjährige chinesisch-amerikanische Feindschaft zu beenden. Kurz darauf entspannte sich auch das Verhältnis zu Moskau, wo das erste bedeutende Abrüstungsabkommen (SALT I) unterzeichnet wurde. Der einstige „Kommunistenfresser" Nixon hatte sich den Amerikanern als Realpolitiker empfohlen, der für Frieden und Stabilität in der Welt eintrat.

Die Regierung verfolgte diese Politik auch, als am 6. Oktober 1973 der Jom-Kippur-Krieg mit dem Überfall Syriens und Ägyptens auf Israel ausgebrochen war und die arabischen Staaten aufgrund der amerikanischen Unterstützung für Israel ein Ölembargo über die USA und ihre Verbündeten verhängten (Oktober 1973 – März 1974). Dank Kissingers Pendeldiplomatie konnten ein Waffenstillstand, der weitgehende israelische Rückzug aus den soeben eroberten Gebieten und eine Neuorientierung der amerikanischen Außenpolitik mit dem Ziel des Ausgleichs mit den arabischen Ländern erreicht werden.

Weniger friedenstiftend war die amerikanische Außenpolitik in anderen Weltregionen, darunter in Chile, wo im September 1973 eine Militärjunta unter General Pinochet mit zumindest indirekter amerikanischer Unterstützung die demokratisch gewählte Linksregierung von Salvador Allende stürzte. Allende kam dabei ums Leben. Sofort erkannte Nixon die Diktatur an, und öffentliche wie private amerikanische Gelder flossen wieder reichlich.

Im Innern blieb Nixon mißtrauisch und unsicher, und sein chronischer Argwohn sowie das Ausspielen einer Gruppe gegen eine andere zum eigenen politischen Vorteil erstickte jede Möglichkeit im Keim, für seine Politik eine Vertrauensbasis zu schaffen. Dabei hatte Nixon zunächst breite Zustimmung finden können, als er moderate Konservative in Ämter berief und eine Politik des Ausgleichs zu verfolgen schien, wenngleich die Fortführung etlicher von Johnson übernommener Programme und Maßnahmen den Unmut konservativer Republikaner hervorrief. Auch das Gefühl nationaler Größe und unverhohlenen Stolzes, als Neil Armstrong am 21. Juli 1969 als erster Mensch seinen Fuß auf den Mond setzte, ließ Gegensätze in den Hintergrund treten. Erst nach den Kongreßwahlen von 1970 nahm Nixons Politik konservativere Züge an, die häufiger zur Zurückweisung liberaler Gesetzesprojekte führte.

Hinzu kam eine wenig überzeugende Wirtschaftspolitik. Arbeitslosigkeit und Verbraucherpreise stiegen, und die Handelsbilanz schloß erstmals seit den dreißiger Jahren mit einem negativen Saldo, was 1971 zur Aufkündigung des Bretton Woods-Abkommens mit seinem System starrer Wechselkurse und zum deutlichen Kursverfall des Dollar führte.

Dessen ungeachtet versuchte sich Nixon als unbeirrbarer Verfechter von *Law and Order* und als Anwalt der durch die soziokulturellen Veränderungen aufgeschreckten „schweigenden Mehrheit" zu profilieren. Dabei erschienen alle Antikriegs- und Bürgerrechtsaktivisten sowie alle Kritiker seiner Regierung politisch verdächtig und wurden vielfach ausspioniert. Um den Gegner öffentlich zu diskreditieren und zu ruinieren, schreckte man nicht vor illegalen Telefon- und elektronischen Überwachungen, Einbrüchen und Diebstählen zurück. Ihren Höhepunkt erreichten diese Machenschaften im Wahljahr 1972 mit dem von Justizminister John Mitchell geleiteten *Committee to Re-Elect the President,* das die Opposition systematisch auszuspionieren und im Juni 1972 die Telefonleitungen im Hauptquartier der Demokraten im Watergate-Komplex in Washington anzuzapfen suchte.

Das Unternehmen scheiterte dank der Sicherheitskräfte, und Nixon stritt umgehend ab, daß das Weiße Haus in den Einbruch involviert sei. Alles verlief im Sande, und Nixon gewann die Wahlen mit einem Erdrutschsieg von 60,7% der Stimmen. Doch die Freude währte nicht lange. Das Gerichtsverfahren gegen die Watergate-Einbrecher hatte ergeben, daß das Weiße Haus in die ganze Affäre verwickelt war, und zwei Reporter der *Washington Post* förderten immer neue Details zutage. Ein im Februar 1973 eingesetztes *Special Committee on Presidential Campaign Activities* des Senats ermittelte, daß

Nixon im Weißen Haus eine Abhöranlage hatte installieren lassen, um alle Gespräche aufzuzeichnen. Während sich Nixon noch beharrlich weigerte, die Tonbänder herauszugeben, wurde bekannt, daß Vizepräsident Spiro Agnew Steuern hinterzogen und Bestechungsgelder angenommen hatte. Agnew trat umgehend zurück, und Nixon ernannte den populären Führer der Republikaner im Repräsentantenhaus, Gerald R. Ford, zum neuen Vizepräsidenten. Als Nixon nach monatelanger Weigerung unter dem Druck des *Supreme Court,* an den er in den zurückliegenden Jahren immerhin vier Richter hatte berufen können, Anfang August 1974 sämtliche Tonbänder herausgab, war sein Sturz nicht mehr aufzuhalten, zumal das Verfahren zur Erhebung der Anklage wegen Amtsmißbrauchs gegen Nixon bereits eröffnet worden war. Doch erst am 9. August, nachdem die republikanischen Führer im Kongreß Nixon unmißverständlich klargemacht hatten, daß sowohl im Repräsentantenhaus die erforderliche Mehrheit für die Erhebung der Anklage wie im Senat jene zu seiner Verurteilung zustande kommen werde, trat Nixon als erster Präsident von seinem Amt zurück.

Zwar hatte das politische System einschließlich der unabhängigen Presse trotz allem funktioniert. Doch zugleich war offenkundig, daß die Krise Amerikas weit tiefer ging, als bislang vermutet, und selbst die politischen Institutionen infiziert hatte. Doch niemand war bereit, aus dem Fall Nixon grundlegende Konsequenzen für das Verfahren zu ziehen, mit dem das Land seine politische Elite auswählt.

Nixons Nachfolger, Gerald R. Ford, der am 9. August 1974 vereidigt wurde, mochte zwar moralisch integer sein, doch den Aufgaben seines Amtes war er kaum gewachsen. Seine kurze Präsidentschaft war mehr von Ungeschicklichkeiten und Fehltritten als von konkreten Ergebnissen gekennzeichnet. Schon seine Amnestie für Nixon erschien als Skandal, während seine Wirtschaftspolitik nur zu Arbeitslosigkeit und Inflation führte und das Haushaltsdefizit in die Höhe trieb. Daß in seine Amtszeit 1975 die Unterzeichnung des Abkommens der Konferenz für Sicherheit und Zusammenarbeit

127

in Europa in Helsinki fiel, war nicht sein Verdienst, zumal sich die Bedeutung von Helsinki erst später erweisen sollte.

Angesichts dieser Situation verwundert es nicht, daß die Kandidatur Fords für die Wahlen 1976 nur gegen erhebliche Widerstände durchzusetzen war. Dennoch war sie nicht von Anbeginn völlig chancenlos, denn die Demokraten hatten den unbekannten vormaligen Gouverneur von Georgia, James Earl Carter, nominiert, der sich als moralisch untadeliges, populistisches Gegenbild zum korrupten Washington präsentierte, der die Stimmung im Land nach Vietnam und Watergate traf und einen – wenn auch knappen – Sieg errang. Die Präsidentschaft Carters litt von Anbeginn an der Unvertrautheit mit, ja Feindschaft gegenüber dem Washingtoner Machtapparat, wodurch er viele Gesetzesvorschläge nicht durch den Kongreß bringen konnte, zumal für eine populistische Politik sein Volksmandat viel zu gering war.

Was immer man im einzelnen gegen Carter und seine Politik vorbringen mag, der moralische Anspruch seiner Außenpolitik mit der Betonung der Menschenrechte setzte neue Maßstäbe, wenngleich dabei mitunter mit zweierlei Maß gemessen wurde. So war sie nachhaltig gegen Menschenrechtsverletzungen in Chile, Argentinien, Äthiopien, Südafrika und anderen Ländern aufgetreten, weit weniger jedoch dort, wo amerikanische Sicherheitsinteressen schwerer wogen, wie etwa in Südkorea, auf den Philippinen und im Iran. Zwar intervenierte Carter nicht, als 1979 die amerikafreundlichen Regierungen im Iran und in Nicaragua gestürzt wurden; zu nachhaltig wirkte Vietnam noch nach. Doch bewog ihn der moralische Anspruch seiner Politik, aktiv nach neuen Beziehungen zu den Ländern Schwarzafrikas zu suchen und das Verhältnis zu Panama auf eine neue Grundlage zu stellen, indem er gegen erheblichen Widerstand zwei Verträge durchsetzte, denen zufolge der Panamakanal und die Kanalzone 1999 an Panama übergeben werden sollen. Seinen größten diplomatischen Erfolg konnte Carter feiern, als dank seiner intensiven Vermittlung Israel und Ägypten im März 1979 im Weißen Haus einen Friedensvertrag unterzeichneten.

Die Entspannungspolitik stand hingegen unter keinem guten Stern. Zwar konnten 1979 diplomatische Beziehungen zu China aufgenommen und mit der Sowjetunion das SALT II-Abkommen unterzeichnet werden. Doch der sowjetische Einmarsch in Afghanistan im Dezember 1979 ließ den Kalten Krieg wieder allgegenwärtig erscheinen.

Dennoch wuchs die Unpopularität der Regierung im Innern. Dazu hatte aufgrund der zweiten Ölpreiswelle von 1979 die sich rapide verschlechternde Wirtschaftslage erheblich beigetragen, die zur schwersten Rezession seit den dreißiger Jahren führte. Carters Popularitätskurve sank tiefer als die Nixons auf dem Höhepunkt des Watergate-Skandals, ein Indiz dafür, wie weit die schleichende Vertrauenskrise gegenüber der Regierung und den führenden Politikern des Landes bereits vorangeschritten war. Daß sich in dieser Situation die Geiselnahme in der amerikanischen Botschaft in Teheran durch islamische Terroristen verheerend für Carter auswirken mußte und das Land traumatisierte, war nicht verwunderlich. Nach einer dilettantisch ausgeführten und rasch gescheiterten militärischen Befreiungsaktion galt er endgültig als Versager – womit praktisch die Wahlen von 1980 entschieden waren –, der den Liberalen zu konservativ war, den Konservativen als ein Verräter an den amerikanischen Werten von Tatkraft und Unerschrockenheit galt und der die Probleme des Landes weder verstand, noch lösen konnte.

Um so leichter fiel es Ronald Reagan, einem früheren Filmschauspieler und Gouverneur von Kalifornien, die Frustrationen über die ökonomische und politische Entwicklung für sich umzumünzen und die Mehrheit der Amerikaner für einen neuen Anfang zu gewinnen, mit dem die Rolle des Staates zurückgedrängt, Steuern und Staatsausgaben gesenkt und die Wirtschaft von einengenden Regulierungen befreit werden sollten. Auf internationaler Ebene versprach er, Amerikas Führungsrolle und Stolz wieder zum Tragen zu bringen. Letztlich entscheidender aber war, daß das vermeintliche Versagen Carters jene konservative Grundströmung im Land ein weiteres Mal bestärkt hatte, die gegen den Liberalismus eines

Johnson, vor allem aber gegen den sozialen Umbruch und die sexuelle Revolution der sechziger Jahre, gegen den Feminismus – der Verfassungszusatz zur Gleichstellung der Frau, das *Equal Rights Amendment,* scheiterte 1982 endgültig –, gegen Abtreibung und Scheidung, gegen Homosexualität und Pornographie gerichtet war und für die traditionellen Werte und Moralvorstellungen eintrat. Nicht allein der moralische Aufstand des traditionellen Amerika kam dem Konservatismus in den siebziger und achtziger Jahren zu Hilfe, sondern auch die dramatischen Bevölkerungsverschiebungen im Innern. Mit ihnen hatte der bis zum Zweiten Weltkrieg dominante Norden und Nordosten – zumindest in relativen Zahlen – an Bevölkerung zugunsten der Staaten des Südens und Westens verloren. Erstmals verfügte 1990 der Westen über mehr Einwohner als die Neuenglandstaaten, und 50% des amerikanischen Bevölkerungswachstums der achtziger Jahre waren allein auf Kalifornien, Texas und Florida entfallen.

Diese Bevölkerungsverlagerung hat deutliche Auswirkungen auf die politische Landschaft. Nicht allein im Repräsentantenhaus gewinnen die Staaten des Südens und Westens auf Kosten des seit dem Bürgerkrieg politikbestimmenden Nordens an Gewicht. Noch 1960 hatten theoretisch die Wahlmännerstimmen des Nordens allein für die Wahl eines Präsidenten ausgereicht, und Kennedy war der bislang letzte gewählte amerikanische Präsident, der aus dem Norden stammte. Auch darin zeigt sich die Erosion des amerikanischen Liberalismus zugunsten einer konservativen Grundströmung. Denn als ökonomisch prosperierende Region ist der sogenannte *Sunbelt* des Südens und Westens, sowohl was seine sozialen Wertvorstellungen als auch seine politischen Leitvorstellungen angeht, traditionell konservativ und antietatistisch ausgerichtet.

Die konservative Wende mit ihrem Bannerträger Ronald Reagan, der sich mit 51% der Stimmen und 489 gegen 49 Wahlmännerstimmen gegen Carter durchsetzte, hatte ein festes Mandat, doch wie sie genau aussehen sollte, blieb zunächst vage. Die sogenannten *Reaganomics* hingegen nahmen bald Gestalt an. So wurde zwischen 1981 und 1983 allen Warnungen vor den katastrophalen Folgen für das amerikanische Haushaltsdefizit kommender Jahre zum Trotz die Einkommenssteuer um 25% gesenkt, und auf Reagans Vorschlag kürzte der Kongreß die nicht mehr finanzierbaren Sozialstaatsmaßnahmen der sechziger Jahre um 40 Milliarden Dollar. Eine Reihe von Reglementierungen der Wirtschaft und ökologischen Bestimmungen wurden aufgeweicht oder ganz abgeschafft. Doch die alte Industrie des Nordens war, ebenso wie die Landwirtschaft, die Leidtragende. Die Produktion ging zurück, die Arbeitslosenzahlen stiegen wieder drastisch an, und das amerikanische Handelsbilanzdefizit übersprang 1984 erstmals die Marke von 100 Milliarden Dollar.

Zwar begannen 1983 die Wirtschaftsmaßnahmen Reagans zu greifen, doch seine schlichte Vorstellung, daß dann, wenn man den Kuchen größer mache, automatisch auch die einzelnen Stücke größer würden, erwies sich als Trugschluß: Nahezu der gesamte immense Zuwachs an Wohlstand der achtziger Jahre kam weniger als 2% der Bevölkerung zugute, während der Rest leer ausging oder gar mit weniger auskommen mußte. Noch nie waren Einkommen und Vermögen so ungleich verteilt wie am Ende der Reagan-Jahre.

Neben der Neuordnung der Wirtschaft betrieb Reagan eine gewaltige Aufrüstung und verdoppelte bis 1985 den Verteidigungsetat auf über 300 Milliarden Dollar, um die Sowjetunion, die für ihn das sprichwörtliche „Reich des Bösen" war, das überall in der Welt seine finsteren Ziele verfolge, in die Knie zu rüsten. Diese Obsession von der sowjetischen Bedrohung wirkte sich auf die amerikanische Politik gegenüber El Salvador und Nicaragua aus, wo rechtsgerichtete Kräfte, zum Teil gegen den Willen des Kongresses, massive amerikanische Unterstützung erhielten. Als schließlich in einem an Watergate erinnernden Skandal ruchbar wurde, daß Regierungsstellen im Weißen Haus in der sogenannten Iran-Contra-Affäre Gelder von dubiosen Waffenverkäufen an den Iran umgeleitet hatten, um illegal Finanz- und Waffenhilfe für die nicaraguanischen Contra-Rebellen zu leisten, wurde dies als die Tat ei-

131

niger Hyperpatrioten im Weißen Haus hingestellt, von deren Machenschaften Reagan nichts gewußt habe.

Trotz einer weiteren Militarisierung der Außenpolitik, trotz der Fehlschläge im Nahen Osten, der wachsenden Kritik am atomaren Wettrüsten und ungeachtet vieler Schwächen erfreute sich der als liebenswürdig und tatkräftig geltende Reagan steigender Beliebtheit. Für die Mehrheit hatte er Amerika wieder aufs Gleis gebracht und dem Land seine Stärke und Achtung in der Welt zurückgegeben. Doch nicht allein Amerikas Ansehen in der Welt hatte sich gewandelt, das amerikanische Leben hatte sich insgesamt in den achtziger Jahren nachhaltig verändert. Körperliche Fitness, Jogging, natürliche Ernährung, der Kampf gegen das Rauchen u. a. soziale Verhaltensmuster wurden Ausdruck eines neuen Lebensstils, der weitgehend materiell begründet war und in dem Geldverdienen eine ebenso entscheidende Rolle spielte wie eine neue Verbraucherkultur, in der die elektronischen Medien zunehmendes Gewicht bekamen. Damit entstanden neue soziale Leitbilder nach dem *Get rich quick*-Schema, verkörpert durch Makler, Manager und Börsianer.

Vieles davon blieb für die Mittelschicht Illusion, obwohl mehr Frauen denn je berufstätig waren – 1988 waren es 60% –, und zu den Kehrseiten der Selbstverwirklichung gehörte, daß noch mehr Ehen als früher geschieden wurden, rund jede zweite. Zwar verfügten inzwischen über 40% aller Schwarzen über einen *White-collar job,* und ungefähr 45% der Schwarzen besaßen ihr eigenes Haus, doch rund ein Drittel aller Schwarzen lebte weiter in Armut und Hoffnungslosigkeit, umgeben von zunehmendem Drogenkonsum, wachsender Gewalt und Schwerstkriminalität – die längst auch in das Leben der weißen Mittelschicht eingedrungen waren. Zwischen beiden Welten hatten sich soziale Barrieren aufgetan mit einer permanenten Unterklasse, die der Regierung eher lästig war. Weit mehr Aufmerksamkeit als sie fand der um sich greifende religiöse Fundamentalismus mit seinem moralischen Rigorismus und weitreichendem politischen Einfluß in verschiedenen Staaten des Südens und Westens.

Das Bemerkenswerte an der Wahl von 1984 war nicht, daß sie Reagan mit 59% der Stimmen im Amt bestätigte, obwohl er mit inzwischen 73 Jahren der älteste Amerikaner war, den das Land je zum Präsidenten gewählt hat. Zum ersten Mal hatte es 1984 mit Jesse Jackson einen ernsthaften schwarzen Bewerber um die Nominierung bei einer der beiden großen Parteien gegeben, und erstmals kandidierte bei einer von ihnen mit Geraldine Ferraro eine Frau für das Amt des Vizepräsidenten. Obwohl beide erfolglos blieben, erschienen wesentliche Hürden der Vergangenheit überwunden.

Die Bilanz von Reagans zweiter Amtszeit war ambivalent. Einerseits war für sie nach dem 1983 erfolgten militärischen Eingreifen auf der kleinen Karibikinsel Grenada mit dem Sturz der dortigen Linksregierung die Bombardierung Libyens im April 1986 mit der Begründung, das Land unterstütze den internationalen Terrorismus, kennzeichnend. Hochrüstung, ungebremster Konsum und *Reaganomics* ließen das Haushalts- wie das Handelsbilanzdefizit jährlich dreistellige Milliardenbeträge erreichen, und die konservative Neugestaltung Amerikas verstärkte sich im *Supreme Court* dank vierer Neuernennungen, darunter 1981 Sandra Day O'Connor als erste Frau am höchsten Gericht und 1986 William Rehnquist als neuer *Chief Justice.*

Andererseits blieb Reagan populär als Verkörperung von amerikanischem Optimismus und amerikanischer Standfestigkeit, ein Präsident, der seine Politik als ein Mann des Friedens und der Abrüstung krönte und wesentlich zum Wandel in Mittel- und Osteuropa beigetragen hat. Aus dem Kalten Krieger, der die militärische Aufrüstung forcierte, war der Botschafter des Friedens geworden, der 1987 mit Gorbatschow einen der bislang weitestreichenden Abrüstungsverträge aushandelte und ihn in Berlin aufforderte, die Mauer einzureißen. Vieles erscheint rätselhaft an dieser kopernikanischen Wende der Reaganschen Politik, aber einiges spricht dafür, daß er wirklich die Sowjetunion durch seine Hochrüstung an die Grenze ihrer Möglichkeiten geführt und daß Gorbatschow das erkannt und alles daran gesetzt hatte, durch einen Wandel

133

in den Beziehungen zu den USA den wirtschaftlichen Kollaps seines Landes abzuwenden.

Damit war die Ausgangsbasis für die Wahlen von 1988 gegeben, bei denen der bisherige Vizepräsident George Bush gegen den Gouverneur von Massachusetts, Michael Dukakis, antrat. Angesichts der konservativen Grundstimmung fiel es Bush nicht schwer, Dukakis als untauglichen Liberalen abzustempeln, so daß sein Sieg mit 54% der Stimmen kaum überraschte. Dukakis hatte zwar mehr Stimmen als alle demokratischen Bewerber seit Johnson – mit Ausnahme von Carter 1976 – bekommen, doch die weiße Arbeiterschicht hatte er nicht für eine liberalere Politik zurückgewinnen können.

Die drängenden Probleme im Innern – Armut, Drogen, AIDS und das schwindelerregende Haushaltsdefizit – lasteten auf der Regierung Bush, die sich jedoch mit Rhetorik zufrieden gab, anstatt nach ernsthaften Lösungsansätzen zu suchen. Als erfahrener Außenpolitiker sah Bush ohnehin sein vordringliches Betätigungsfeld jenseits der Landesgrenzen. Dabei kam ihm die Entwicklung in Mittel- und Osteuropa mit dem Zusammenbruch des kommunistischen Herrschaftssystems zugute, zu dem er, in Fortsetzung der Politik Reagans, indirekt beitrug, als er mit Gorbatschow weitreichende Abrüstungsvereinbarungen zur Verschrottung ganzer strategischer Waffenarsenale traf, die offiziell als das Ende des Kalten Krieges gefeiert wurden. Als in dieser Situation die kommunistischen Systeme in Polen, Ungarn u. a. Ländern zusammenbrachen und am 9. November 1989 die Mauer in Berlin fiel und eine Politik einsetzte, die am 3. Oktober 1990 zur deutschen Vereinigung führte, hatte Bush es durch eine lautlose, aber entschlossene Politik verstanden, die amerikanischen Interessen in diesen friedlichen Revolutionen zu wahren, das vereinigte Deutschland in der NATO zu halten und die Auflösung des Warschauer Paktes sowie den Rückzug der sowjetischen Truppen hinter die eigenen Landesgrenzen zu unterstützen. In ähnlich entschlossener Weise begleitete die amerikanische Politik 1991 den Zusammenbruch der Sowjetunion und empfahl sich den Nachfolgestaaten als politischer Partner, allen voran dem Gorbatschow-Nachfolger Boris Jelzin, mit dem eine vertrauensvolle Zusammenarbeit gepflegt wurde, um amerikanische Positionen zur Geltung zu bringen und gefährliche Destabilisierungen zu vermeiden.

Die Vision einer „neuen Weltordnung" tauchte auf, mit den Vereinigten Staaten als globaler Ordnungsmacht zur Durchsetzung von Frieden, Demokratie, freiem Welthandel und Wohlstand. In diesem Zusammenhang mochte die Invasion in Panama im Dezember 1989 noch ein eher marginales Vorspiel sein. Konkretere Gestalt schien sie mit dem Golfkrieg 1991 anzunehmen, als amerikanische Truppen an der Spitze einer multinationalen Streitmacht gegen die irakische Annexion des ölreichen Kuwait vorgingen und dank ihrer waffentechnischen Überlegenheit nicht nur die Unabhängigkeit des kleinen Scheichtums rasch wiederherstellten, sondern auch die vom Irak ausgehende militärische Bedrohung der gesamten Ölregion einschließlich Israels beendeten. Doch was dies für Bushs neue Weltordnung bedeutete, blieb unklar, wenngleich die Zusammenarbeit mit der noch bestehenden Sowjetunion der UNO eine neue Rolle zu verheißen schien.

Im Innern hingegen wog eine wirtschaftliche Rezession schwerer, die deutlich machte, wie wenig die Mittelschichten von der Entwicklung der achtziger Jahre profitiert hatten. In der veränderten politischen Stimmungslage hatte sich Bush zwar gegen eine innerparteiliche Herausforderung durchsetzen können, doch als sich die Demokraten vor den Präsidentschaftswahlen 1992 schließlich etwas halbherzig auf Bill Clinton als Kandidat einigten und der texanische Milliardär Ross Perot als Unabhängiger antrat, hatte er kaum noch eine Chance, zumal Perot mit 19% der Stimmen besser abschnitt als jeder Drittkandidat seit 1912. Clinton gewann mit 43% der Stimmen. Wenn auch erstmals seit 1976 die Wahlbeteiligung leicht gestiegen war und 54% erreicht hatte, war das Volksmandat für Clinton schwach – lediglich Wilson hatte es 1912 auf einen noch geringeren Stimmenanteil gebracht –, so daß in den ersten beiden Jahren die Unterstützung durch den Kongreß sehr verhalten ausfiel. Er konnte außer einem umfangreichen Gesetz zur Verbrechensbekämpfung kaum größere Reformmaßnahmen durchsetzen, und seine Gesundheitsreform war eher moderat, um nicht in den Geruch eines Liberalen vom Typ Dukakis zu kommen. Die Situation verkehrte sich vollends, als angesichts einer wachsenden Unzufriedenheit in der Bevölkerung bei den Halbzeitwahlen 1994 die Republikaner zum ersten Mal seit vierzig Jahren wieder die Mehrheit in beiden Häusern des Kongresses gewannen und darauf mit einem radikalkonservativen Programm, das entschieden über die Politik Reagans hinausging, versuchten, die noch verbliebenen sozialpolitischen Errungenschaften der Johnson-Zeit abzuschaffen und durch eine drastische Ausgabenbegrenzung nicht nur das Haushaltsdefizit zu beenden, sondern die Rolle des Staats im öffentlichen Leben auf allen Ebenen rigoros zu reduzieren. Die Versuche Clintons, sich einer derartigen Politik des sozialen Kahlschlags entgegenzustemmen, blieben halbherzig und wurden zum Offenbarungseid des politischen Liberalismus in den Vereinigten Staaten. Obwohl er darauf verweisen konnte, daß es unter seiner Präsidentschaft gelang, das Nordamerikanische Freihandelsabkommen mit Mexiko und Kanada und die Umwandlung des GATT in die Welthandelsorganisation umzusetzen, die Rückkehr zur Demokratie in Haiti zu erreichen und entscheidend zum Friedensprozeß im Nahen Osten und in Bosnien beizutragen, ließen sich diese außenpolitischen Erfolge kaum in eine generelle Unterstützung ummünzen. Ob diese Situation notwendigerweise zum vollständigen Triumph des sich seit 1964 zunehmend aggressiver manifestierenden Konservatismus führen muß, mag zweifelhaft sein. Vieles spricht eher für die fortschreitende Erosion des politischen Grundkonsenses und den Zerfall in auf sich selbst bezogene politische Interessengruppen, die die politische Zukunft des Landes und sein Verhältnis zu Europa gegenwärtig als eher ungewiß erscheinen lassen.

Die Präsidenten der Vereinigten Staaten

1. George Washington (Va.)	1789–1797	
2. John Adams (Mass.)	1797–1801	Föderalist
3. Thomas Jefferson (Va.)	1801–1809	Jeff. Republican
4. James Madison (Va.)	1809–1817	Jeff. Republican
5. James Monroe (Va.)	1817–1825	Jeff. Republican
6. John Quincy Adams (Mass.)	1825–1829	Jeff. Republican
7. Andrew Jackson (Tenn.)	1829–1837	Demokrat
8. Martin Van Buren (N. Y.)	1837–1841	Demokrat
9. William Harrison (Ohio)	1841 (gest.)	Whig
10. John Tyler (Va.)	1841–1845	Whig
11. James K. Polk (Tenn.)	1845–1849	Demokrat
12. Zachary Taylor (La.)	1849–1850 (gest.)	Whig
13. Millard Fillmore (N. Y.)	1850–1853	Whig
14. Franklin Pierce (N. H.)	1853–1857	Demokrat
15. James Buchanan (Pa.)	1857–1861	Demokrat
16. Abraham Lincoln (Ill.)	1861–1865 (erm.)	Republikaner
17. Andrew Johnson (Tenn.)	1865–1869	Republikaner
18. Ulysses S. Grant (Ill.)	1869–1877	Republikaner
19. Rutherford B. Hayes (Ohio)	1877–1881	Republikaner
20. James A. Garfield (Ohio)	1881 (erm.)	Republikaner
21. Chester A. Arthur (N. Y.)	1881–1885	Republikaner

22. Grover Cleveland (N. Y.)	1885–1889	Demokrat
23. Benjamin Harrison (Ind.)	1889–1893	Republikaner
24. Grover Cleveland (N. Y.)	1893–1897	Demokrat
25. William McKinley (Ohio)	1897–1901 (erm.)	Republikaner
26. Theodore Roosevelt (N. Y.)	1901–1909	Republikaner
27. William H. Taft (Ohio)	1909–1913	Republikaner
28. Woodrow Wilson (N. J.)	1913–1921	Demokrat
29. Warren G. Harding (Ohio)	1921–1923 (gest.)	Republikaner
30. Calvin Coolidge (Mass.)	1923–1929	Republikaner
31. Herbert C. Hoover (Iowa)	1929–1933	Republikaner
32. Franklin D. Roosevelt (N. Y.)	1933–1945 (gest.)	Demokrat
33. Harry S. Truman (Mo.)	1945–1953	Demokrat
34. Dwight D. Eisenhower (Ks.)	1953–1961	Republikaner
35. John F. Kennedy (Mass.)	1961–1963 (erm.)	Demokrat
36. Lyndon B. Johnson (Tex.)	1963–1969	Demokrat
37. Richard M. Nixon (Calif.)	1969–1974 (Rücktritt)	Republikaner
38. Gerald R. Ford (Mich.)	1974–1977	Republikaner
39. Jimmy Carter (Ga.)	1977–1981	Demokrat
40. Ronald Reagan (Calif.)	1981–1989	Republikaner
41. George Bush (Tex.)	1989–1993	Republikaner
42. Bill Clinton (Ark.)	1993–	Demokrat

Literaturempfehlungen

1. Allgemeine/epochenübergreifende Quellen und Darstellungen

Wersich, Rüdiger B. (Hg.), *USA-Lexikon: Schlüsselbegriffe zu Politik, Wirtschaft, Gesellschaft, Kultur, Geschichte und zu den deutsch-amerikanischen Beziehungen*, Berlin 1995.

Adams, Willi Paul u. a. (Hg.), *Länderbericht USA*, 2 Bde., Bonn [2] 1992.

Commager, Henry Steele (Hg.), *Documents of American History*, 2 Bde., New York [10] 1988.

Angermann, Erich, *Die Vereinigten Staaten von Amerika seit 1917*, München [9] 1995.

Bailyn, Bernard u.a., *The Great Republic. A History of the American People*, 2 Bde., Lexington, Mass. [4] 1992.

Blum, John M. u. a., *The National Experience. A History of the United States*, New York [7] 1988.

Boyer, Paul S. u.a., *The Enduring Vision. A History of the American People*, 2 Bde., Lexington, Mass. [2] 1993.

Garraty, John A., *The American Nation*, 2 Bde., New York [8] 1995.

Jones, Maldwyn A., *The Limits of Liberty. American History 1607–1992*, New York-Oxford [2] 1995.

Tindall, George Brown u. David E. Shi, *America: A Narrative History*, 2 Bde., New York [4] 1996.

Kelly, Alfred H., Winfred A. Harbison u. Herman Belz, *The American Constitution: Its Origins and Development*, 2 Bde., New York [7] 1991.

Heideking, Jürgen (Hg.), *Die amerikanischen Präsidenten: 41 historische Portraits von George Washington bis Bill Clinton*, München 1995.

Perkins, Bradford u.a., *The Cambridge History of American Foreign Relations*, 4 Bde., Cambridge 1993.

Ambrose, Stephen E., *Rise to Globalism: American Foreign Policy Since 1938*, New York [7] 1993.

Junker, Detlef, *Von der Weltmacht zur Supermacht: Amerikanische Außenpolitik im 20. Jahrhundert*, Mannheim 1995.

Holtfrerich, Carl-Ludwig (Hg.), *Wirtschaft USA: Strukturen, Institutionen und Prozesse*, München 1991.

Daniels, Roger, *Coming to America: A History of Immigration and Ethnicity in American Life*, New York 1990.

Bennett jr., Lerone, *Before the Mayflower. A History of Black America*, New York [6] 1993.

Lindig, Wolfgang u. Mark Münzel, *Die Indianer, Kulturen und Geschichte*, Bd. 1, München [4] 1987.

Raeithel, Gert, *Geschichte der nordamerikanischen Kultur*, 3 Bde., Weinheim 1987–89.

2. Spezielle Werke

Greene, Jack P., *Pursuits of Happiness. The Social Development of Early Modern British Colonies and the Formation of American Culture*, Chapel Hill, N.C. 1988.

Lockridge, Kenneth A., *Settlement and Unsettlement in Early America. The Crisis of Political Legitimacy Before the Revolution*, Cambridge, Mass. 1981.

Middleton, Richard, *Colonial America: A History, 1607–1776*, Cambridge, Mass. [2] 1996.

Dippel, Horst, *Die Amerikanische Revolution, 1763–1787*, Frankfurt 1985.

Greene, Jack P. (Hg.), *The American Revolution. Its Character and Limits*, New York-London 1987.

Schröder, Hans-Christoph, *Die Amerikanische Revolution. Eine Einführung*, München 1982.

Wood, Gordon S., *The Creation of the American Republic, 1776–1787*, Chapel Hill, N.C. [2] 1993.

Ders., *The Radicalism of the American Revolution*, New York 1992.

Elkins, Stanley u. Eric McKitrick, *The Age of Federalism*, New York-Oxford 1993.

Sharp, James Roger, *American Politics in the Early Republic: The New Nation in Crisis*, New Haven 1993.

Freehling, William W., *The Road to Disunion, Bd. 1: Secessionists at Bay, 1776–1854*, New York-Oxford 1990.

Levine, Bruce, *Half Slave and Half Free. The Roots of Civil War*, New York 1992.

Remini, Robert V., *The Jacksonian Era*, Arlington Heights, Ill. 1989.

Sellers, Charles, *The Market Revolution: Jacksonian America, 1815–1846*, New York-Oxford 1991.

Stampp, Kenneth M., *America in 1857: A Nation on the Brink*, New York-Oxford 1990.

Foner, Eric, *Reconstruction: America's Unfinished Revolution, 1863–1877*, New York 1989.

Perman, Michael, *Emancipation and Reconstruction, 1862–1879*, Arlington Heights, Ill. 1987.

McPherson, James M., *Battle Cry of Freedom. The Civil War Era*, New York-Oxford 1988.

Ders., *Abraham Lincoln and the Second American Revolution*, New York-Oxford 1991.

Dubofsky, Melvyn, *Industrialism and the American Worker, 1865–1920*, Arlington Heights, Ill. [2] 1985.

LaFeber, Walter, *The American Search for Opportunity, 1865–1913*, Cambridge, Mass. 1992.

McMath jr., Robert C., *American Populism. A Social History 1877–1898*, New York 1993.

Porter, Glenn, *The Rise of Big Business, 1860–1920*, Arlington Heights, Ill. [2]1992.

Garraty, John A., *The Great Depression*, New York 1987.

Leuchtenburg, William E., *The Perils of Prosperity, 1914-1932*, Chicago [2]1993.

Link, Arthur S. u. Richard L. McCormick, *Progressivism*, Arlington Heights, Ill. 1983.

Badger, Anthony J., *The New Deal: The Depression Years, 1933–1940*, Basingstoke 1989.

Conkin, Paul K., *The New Deal*, Arlington Heights, Ill. [3]1992.

Doenecke, Justus D. u. John E. Wilz, *From Isolation to War 1931–1941*, Arlington Heights, Ill. [2]1991.

Nash, Gerald D., *The Crucial Era: The Great Depression and World War II, 1929-1945*, New York [2]1992.

Simpson, Michael, *Franklin D. Roosevelt*, Oxford 1989.

Blum, John M., *Years of Discord: American Politics and Society, 1961–1974*, New York 1991.

Chafe, William H., *The Unfinished Journey: America since World War II*, New York-Oxford [3]1995.

Levering, Ralph B., *The Cold War, 1945–1991*, Arlington Heigthts, Ill. [3]1994.

Reichard, Gary W., *Politics as Usual: The Age of Truman and Eisenhower*, Arlington Heights, Ill. 1988.

Sitkoff, Harvard, *The Struggle for Black Equality, 1954-1992*, New York [2]1993.

Freedman, Lawrence u. Efraim Karsh, *The Gulf Conflict, 1990-1991: Diplomacy and War in the New World Order*, Princeton 1992.

Gaddis, John Lewis, *The United States and the End of the Cold War: Implications, Reconsiderations, Provocations*, New York-Oxford 1992.

Greene, John Robert, *The Limits of Power: The Nixon and Ford Administrations*, Indianapolis 1992.

Kaufman, Burton I., *The Presidency of James Earl Carter, Jr.*, Lawrence, Ks. 1993.

Palmer, John L. (Hg.), *Perspectives on the Reagan Years*, Washington 1986.

Thompson, Kenneth W. (Hg.), *Foreign Policy and the Reagan Presidency: Nine Intimate Perspectives*, Lanham, Md. 1993.

Personenregister

Adams, John 33ff., 42, 137
Adams, John Quincy 42f., 137
Adams, Samuel 21, 23
Addams, Jane 77
Agnew, Spiro 127
Allende, Salvador 125
Armstrong, Neil 126
Arthur, Chester A. 137

Baltimore, Cecil Calvert 10
Baruch, Bernard 85
Beard, Charles A. 77
Bell, John 53
Blackstone, William 20
Breckinridge, John 53
Brown, John 22, 52
Bryan, William Jennings 72f., 89
Buchanan, James 51f., 137
Burgoyne, John 26
Bush, George 134f., 138

Calhoun, John C. 44
Carnegie, Andrew 69
Carter, James Earl 128f., 134, 138
Castro, Fidel 110, 112
Chiang Kai-shek 105f.
Churchlin, Winston Leonard 98
Clark, William 36
Clay, Henry 43f.
Cleveland, Grover 138
Clinton, Bill 135f., 138
Coolidge, Calvin 87f., 138
Cornwallis, Charles 26
Coughlin, Charles E. 93
Croly, Herbert 77

Darrow, Clarence 89
Davis, Jefferson 54
Debs, Eugene V. 81
Dewey, John 77
Douglas, Stephen A. 51, 53

Dreiser, Theodore 77
DuBois, William Edward
    Burghardt 80
Dukakis, Michael 134, 136

Edison, Thomas Alva 68
Eisenhower, Dwight D. 108ff.,
    112, 138

Ferraro, Geraldine 133
Fillmore, Millard 137
Ford, Gerald R. 127f., 138
Franklin, Benjamin 33

Galbraith, John Kenneth 108
Gandhi, Mohandas Karamchand
    109
Garfield, James A. 137
Goldwater, Barry 115f., 119
Gompers, Samuel 71
Gorbatschow, Michail 133f.
Grant, Ulysses S. 56, 63, 73, 137

Hamilton, Alexander 32f., 36
Harding, Warren G. 87, 138
Harrison, Benjamin 138
Harrison, William H. 48, 137
Hay, John 75
Hayes, Rutherford B. 64, 137
Haywood, William D. 81
Hitler, Adolf 97
Ho Chi Minh 119
Holmes, Oliver Wendell Jr. 77
Hoover, Herbert C. 85, 90, 138
Howe, Sir William 26
Humphrey, Hubert H. 124
Hutchinson, Thomas 21, 23

Jackson, Andrew 38, 40, 42ff.,
    48f., 72, 137
Jackson, Jesse 133

James, William 77
Jay, John 32
Jefferson, Thomas 27, 33, 35ff.,
116, 137
Jelzin, Boris 135
Johnson, Andrew 60, 62f., 137
Johnson, Lyndon B. 114–120,
122f., 125, 130, 134, 136, 138

Kelley, Florence 81
Kennedy, John F. 96, 110–115,
121, 130, 138
Kennedy, Robert 123f.
Keynes, John Maynard 93
King, Martin Luther 109, 118, 123
Kissinger, Henry 124f.

Lafayette, Marie Joseph de Motier
26
La Follette, Robert M. 77f.
Landon, Alfred 93
Lee, Robert E. 53, 55f.
Lewis, Meriwether 36
Lincoln, Abraham 53f., 58, 60,
137
Lindbergh, Charles A. 88
Lloyd, Henry Demarest 77
Long, Huey 93

MacArthur, Douglas 105f.
Madison, James 32f., 35, 37f.,
137
Mahan, Alfred T. 74
Malcolm X 118
Mao Tse Tung 105
Marshall, John 46
McCarthy, Joseph R. 107, 115
McKinley, William 73ff., 138
Mitchell, John 126
Monroe, James 38, 40ff., 137
Morgan, John Pierpont 69
Mussolini, Benito 97

Napoleon III., Kaiser der Franzo-
sen 73

Nixon, Richard M. 110, 122, 124–
127, 129, 138

O'Connor, Sandra Day 133

Paine, Thomas 27
Perot, Ross 135
Pierce, Franklin 137
Pinochet Ugarte, Augusto
125
Polk, James K. 49, 137
Publius 32

Reagan, Ronald 96, 129–134,
136, 138
Rehnquist, William 133
Revere, Paul 25
Rockefeller, John D. 68
Roosevelt, Eleanor 96
Roosevelt, Franklin D. 34, 59, 91–
98, 101, 103, 110, 138
Roosevelt, Theodore 78, 82f.,
138

Sacco, Nicola 89
Scott, Dred 52
Sherman, William Tecumseh
56
Sinclair, Upton 78
Smith, Al 90
Stalin, Jossif 103, 105
Steffens, Lincoln 77
Steuben, Friedrich Wilhelm von
25
Stevenson, Adlai E. 109
Swift, Gustavus 69

Taft, William H. 78, 82, 138
Taney, Roger B. 46, 52
Taylor, Zachary 137
Thoreau, Henry David 109
Tilden, Samuel J. 64
Truman, Harry S. 103–108, 110,
138
Tyler, John 48f., 137

Van Buren, Martin 43, 48, 137
Vanzetti, Bartolomeo 89
Veblen, Thorstein 77

Wallace, George 124
Warren, Earl 108

Washington, George 25, 31, 33f., 137
Weaver, Robert 117
Williams, Roger 13
Willkie, Wendell L. 98
Wilson, Woodrow 78, 84f., 135, 138